Sabine Hirler

Sprachförderung durch Rhythmik und Musik

Sabine Hirler

Sprachförderung durch Rhythmik und Musik

FREIBURG · BASEL · WIEN

Ein Großteil der Lieder in diesem Buch kann über das Internet unter www.sabinehirler.de heruntergeladen werden. Dabei handelt es sich aus rechtlichen Gründen lediglich um die erste Liedstrophe.

2. Auflage 2011

© Verlag Herder GmbH, Freiburg im Breisgau 2009
Alle Rechte vorbehalten
www.herder.de

Umschlaggestaltung und -konzeption:
R·M·E München / Roland Eschlbeck, Rosemarie Kreuzer
Umschlagfoto: Hartmut W. Schmidt, Freiburg
Illustrationen: Christine Brand

Satz und Gestaltung: HellaDesign, Emmendingen
Herstellung: fgb · freiburger graphische betriebe
www.fgb.de

Gedruckt auf umweltfreundlichem, chlorfrei gebleichtem Papier
Printed in Germany

ISBN 978-3-451-32245-7

Inhalt

Einleitung: Sprache – der Zugang zur Welt   7

I. Theoretische Grundlagen und Erläuterungen   9

1. Unterwegs zur Sprache   9
1.1 Die Sprachentwicklung des Kindes   9
1.2 Die Sensomotorik und ihre Beteiligung an der Sprachentwicklung   14
1.3 Kognitive und soziale Dimensionen der Sprachentwicklung   15

2. Rhythmik und Sprachförderung   19
2.1 Sprache – Musik – Bewegung   19
2.2 Sprachförderung durch Rhythmik   21
2.3 Entwicklung von phonetischer und phonologischer Bewusstheit in der Rhythmik   29
2.4 Die Methoden der Rhythmik und ihre Umsetzung zur Sprachförderung   31
Schaubild Rhythmik und Sprachförderung   32

3. Zur Didaktik und Methodik der Rhythmik   39
3.1 Der Pädagoge als Begleiter und Vorbild   39
3.2 Kommunikationsformen   40
3.3 Der Einsatz von Materialien und Instrumenten   41
3.4 Methodisch-didaktische Polaritäten und ihre situative Balance   42

Weiterführende Literatur und Quellen   44

II. Rhythmikprojekte zur Sprachförderung — 45

Hinweise zur praktischen Umsetzung der Projekte — 45

Die Abenteuer der Meerjungfrau Ya-ahla — 47
1. Im fremden Meer — 50
2. Die Meerestiere, der Igelfisch und die Rote Krake — 54
3. Die fremde Meerjungfrau und die Lumba-Lumba — 58
4. Im Verlies des Muränendrachen — 61
5. Die Rettung oder Der Zauber des Gesangs — 64

Die Wundermurmel — 67
1. Luca, die Wundermurmel und die Schildkröten im Zoo — 70
2. Luca und der Spatz im Zoo — 77
3. Luca im Zoo: Die Affen! — 81
4. Luca im Zoo – die Krokodile — 85
5. Luca im Zoo – der Tiger und die Spinne — 87
6. Luca und seine Freunde im Zoo — 93

Zauberer Zargor und der goldene Hengst — 97
1. Rufus und Stella — 99
2. Zauberer Zargor — 104
3. Alberta und Goldstern — 106
4. Freiheit für Goldstern — 110

Tick und Tock auf dem Bauernhof — 113
1. Tick und Tock, die Schnecke und der Hahn und die Hühner — 116
2. Tick und Tock, die Schnecke und die Kuh — 123
3. Tick und Tock, die Schnecke und der Traktor Tukutuk — 128
4. Tick und Tock, die Schnecke und die Ente — 136
5. Tick und Tock, die Schnecke und das Schwein — 140

Die Kleckskönigin — 145
1. Im Königreich Klecksatonien — 148
2. Die übermütige Kleckskönigin — 153
3. Singspiel: Klecksfallala, die Kleckskönigin — 156

Einleitung

Sprache – der Zugang zur Welt

Bereits Säuglinge treten mit ihrer Umwelt durch Gesten, Mimik und Körperbewegungen in Kontakt. Sie können Wohlbehagen und Freude, aber auch Unwohlsein und Abwehr ausdrücken. Später erobern sich Kinder die Welt mit Hilfe der sprachlichen Kommunikation: Schritt für Schritt, von den ersten Lautäußerungen, über Einwortsätze bis hin zu komplizierten Satzgebilden. Sie lernen, die Dinge in ihrer Umwelt zu benennen, sie erfragend zu erforschen, Handlungen zu beschreiben und in Gang zu setzen, sich mitzuteilen, Ideen zu entwickeln, eigene Gefühle auszudrücken, die Gefühle anderer zu verstehen. Die gesamte Sprachentwicklung ist ein komplexes Zusammenspiel vieler Sinnesbereiche – und gelingt nur dann, wenn die Kinder in ihrem sozialen Umfeld eine kindgemäße, sprachlich anregungsreiche, auf Wiederholung und Imitation basierende Förderung erhalten.

Der Philosoph Ludwig Wittgenstein (1898–1951) formulierte die Erkenntnis: „Die Grenzen meiner Sprache sind die Grenzen meiner Welt." Seine Aussage lässt sich in jüngster Zeit neu interpretieren, denn mehr und mehr zeigt sich, dass die sich während der Kindheit entwickelnde Sprachkompetenz im gesprochenen Wort und in der geschriebenen Sprache die Grundlage für Bildung, gesellschaftliche Teilhabe und Integration in die Gesellschaft ist.
Studien aus den letzten Jahren haben gezeigt, dass eine zunehmende Zahl von Kindern ganz erhebliche sprachliche Defizite aufweist. Die Konsequenzen für die Kinder sind verheerend, da sie sich ohne eine gute sprachliche Entwicklung, sei es in Schrift oder im Sprechen, schwer im Bildungssystem einer Leistungsgesellschaft behaupten können.

Aus diesem Grund ist eine ganzheitliche Sprachförderung gerade in der frühen Kindheit von großer Bedeutung – und zwar die Förderung aller Kinder. Jedes Kind sollte unabhängig von seinem Sprachstand und der Erstsprache auf seinem Weg zur Sprache unterstützt werden. Es geht um eine kindgemäße und qualitativ hochwertige Sprach- und Sprechförderung, die es den Kindern ermöglicht, Freude am Sprechen und an der Kommunikation zu entwickeln. Ausgangspunkt sind dabei stets die Interessen und Bedürfnisse der Kinder.

Diese gilt es aufzunehmen und sie in sprachliche, sensorische, motorische und emotionale Handlungszusammenhänge einzubinden, so wie das beispielsweise in den Rhythmikangeboten und Projekten dieses Buches umgesetzt wird.

Alle in diesem Buch vorgestellten Rhythmikprojekte sind in Geschichten eingebettet. Das weckt nicht nur die Fantasie und Neugier der Kinder, sondern macht sie vertraut mit einer Sprachform, die anders als die Alltagssprache nicht unmittelbar der Kommunikation dient, sondern fantasievolle Welten eröffnet.

Dieses Buch ist eine Einladung an Pädagogen, eine Sprachförderung für alle Kinder anzubieten, die den entwicklungspsychologischen und emotionalen Bedürfnissen des jüngeren Kindes entspricht. Kinder mit Deutsch als Zweitsprache werden durch die lebendigen und fantasievollen Geschichten, Gestalten und Tiere und über das spielerische Agieren zu sprachlichen Aktivitäten angeregt und ermutigt.

Wichtig für Pädagogen ist, dass sie sich selbst von einem Rhythmikprojekt innerlich ansprechen lassen. Denn wo keine Begeisterung herrscht, springt auch kein Funke über.

Ich wünsche allen Pädagogen viele Funken, um die Kinder für eine ganzheitliche Sprachförderung durch Rhythmik zu begeistern.

I. Theoretische Grundlagen und Erläuterungen

1. Unterwegs zur Sprache

1.1 Die Sprachentwicklung des Kindes

Jede Sprache der Welt kann von einem gesunden Kind in den ersten Lebensjahren scheinbar mühelos erlernt werden. Dieser faszinierende Prozess der kindlichen Sprachentwicklung lässt uns immer wieder staunen, welch große Leistung das Kind in dieser Zeit vollbringt. Im Vergleich fällt es einem Erwachsenen wesentlich schwerer, eine Fremdsprache zu erlernen. Die Sprachentwicklung ist ein komplexer Vorgang, bei dem die Reifung angeborener spezifischer Spracherwerbsprogramme zusammenwirkt mit Einflüssen aus der sozialen Umwelt.
Die nachfolgenden Ausführungen zur sprachlichen Entwicklung des Kindes sind zwar in Lebensjahren und Monaten strukturiert, es handelt sich jedoch nicht um normative Vorgaben. Die Sprachentwicklung verläuft bei jedem Kind sehr unterschiedlich, daher spricht man heute von Entwicklungsfenstern, in denen die Kinder bestimmte sprachliche Kompetenzen erwerben können.

Vorgeburtlich
Schon im Mutterleib lutscht der Fetus am Daumen, schluckt Fruchtwasser und trainiert damit seine Sprechwerkzeuge, wie Lippen, Zunge, Gaumen und Kehlkopf, die für die körperliche Umsetzung des Sprechens von grundlegender Bedeutung sind. Ab dem vierten bis fünften Monat ist der Hörsinn der erste Fernsinn, der im Mutterleib entwickelt ist. Der Fetus nimmt Stimmen, Klänge und Geräusche der Außenwelt wahr. Der Rhythmus des Herzschlages seiner Mutter ist die erste akustische „Nahrung". Die Stimme und das Singen der Mutter oder des sozialen Umfelds bewirken beim Fetus deutliche motorische Reaktionen. Musik, bei der sich die Mutter wohlfühlt, wirkt auch auf den Fetus positiv. Dabei speichert der Fetus die mütterliche Stimme, denn kaum ist es auf der Welt, bevorzugt das Neugeborene die Stimme der Mutter und die Sprachmelodie seiner Muttersprache.

Theoretische Grundlagen und Erläuterungen

Die ersten sechs Monate
Stimmliche Äußerungen sind die einzige Möglichkeit des Babys, dem Umfeld seine augenblickliche Befindlichkeit mitzuteilen. Die Art und Weise, wie das Baby schreit, gibt den Bezugspersonen auf einer vorsprachlichen Kommunikationsebene Informationen, wie es dem Baby geht. Im Alter zwischen sechs und acht Wochen beginnt das Baby Gurrlaute des Wohlbefindens von sich zu geben. Ungefähr zur gleichen Zeit setzt das Lachen ein und es werden immer mehr Laute vokalisiert.
Wichtig ist, dass die Bezugspersonen mit dem Kind möglichst viel sprechen und Blickkontakt aufbauen. Denn auf die gehörten Laute in Kombination mit der charakteristischen Sprachmelodie und dem Sprachrhythmus baut das Baby ab ungefähr der achten bis zwölften Woche die eigene Lautproduktion auf. Es entdeckt im Laufe der nächsten Monate, dass es mit diesen Lauten gezielte Reaktionen hervorrufen kann, zum Beispiel reagiert die Mutter auf die verbalen Äußerungen durch Hinwendung.
Diese erste Lallperiode dient jedoch nicht nur der Kontaktaufnahme, sondern ist gleichzeitig ein Training des Stimmapparates (Atmungsorgane, Kehlkopf, Rachen, Mund- und Nasenhöhle; Muskulatur von Zunge, Wangen, Gaumensegel und Kiefer). Zwischen dem fünften und siebten Lebensmonat erreicht diese Phase mit längeren Lallmononlogen („babababab ...") ihren Höhepunkt.
Selbst taubstumme Kinder durchlaufen die sogenannte Lall- und Stammelphase im Laufe des ersten Lebensjahres.
Babys sind in den ersten Monaten ‚Nasenatmer', die gleichzeitig trinken und atmen können, ohne sich zu verschlucken. Der Kehlkopf sitzt so weit oben, dass die Nahrung an ihm vorbei in die Speiseröhre rutschen kann. Erst im Alter von vier bis sechs Monaten ist eine wichtige anatomische Transformation in Mundraum, Gaumen und Rachen abgeschlossen: Der Gaumen- und Rachenraum verlängert sich und der Kehlkopf wandert tiefer. Nun erst besteht die Möglichkeit, im Zusammenwirken mit der Zunge Vokale zu produzieren (a, i und u). Diese körperliche Veränderung muss für die menschliche Evolution von großer Bedeutung gewesen sein. Denn für die Entwicklung des menschlichen Sprechapparates wurde dabei ein großer Nachteil in Kauf genommen, da der Mensch durch die veränderte Position des Kehlkopfs nun an seinem eigenen Essen ersticken kann.

Siebter bis zwölfter Lebensmonat

Parallel mit der Entwicklung der Motorik (Krabbelphase) verändert sich die Art und Weise der Lautierungen. Während der zweiten Lallperiode werden viele Laute der ersten Lallperiode nicht mehr verwendet. Das Kind orientiert sich nun mit ungefähr acht bis neun Monaten auditiv und visuell an den Eindrücken seiner Umwelt und versucht, diese konkret nachzuahmen. Das Kind ahmt in dieser Phase gezielt die Muttersprache nach und orientiert sich ebenso an den Mundbewegungen der Bezugspersonen. In dieser Phase beginnt das Kind die Bedeutung von Wörtern, jedoch noch nicht in einem vollständigen Sinnzusammenhang, zu verstehen.

Außerdem verlieren Kinder zwischen dem zehnten und zwölften Monat die Fähigkeit, Laute zu unterscheiden, die von ihrer Muttersprache abweichen. Sie konzentrieren sich auf die auditive Wahrnehmung der charakteristischen Artikulationen ihrer Muttersprache. Die Kinder vollziehen sozusagen ein genetisch programmiertes „Sprachlernprogramm", bei dem sie sich in den folgenden Monaten auf die praktische Umsetzung, das Sprechen der Muttersprache, konzentrieren. Die ersten Wörter sind archetypische „Kinderstubenwörter", wie „mama, nana, papa, baba, tata, dada". Diese Silbenverdopplungen betonen die erste Silbe und sind in den meisten Kulturen identisch zu finden. Neue Theorien weisen darauf hin, dass die Zweisilbigkeit der ersten Wörter sich auf den mütterlichen Herzschlag zurückführen lässt, der das Kind seit seiner Entwicklung im Mutterleib begleitet.

Diese archetypischen „Kinderstubenwörter" besitzen je nach Kulturkreis eine unterschiedliche Bedeutung. Zum Beispiel bedeutet „mama" im Georgischen Vater und Mutter bedeutet „dadu".

Durch diese unterschiedlichen Lautinterpretationen in verschiedenen Kulturkreisen haben sich die Sprachen entwickelt. Außer über Gestik und Mimik können wir uns nicht mit anderssprachigen Menschen verständigen. Diese präsprachlichen Fähigkeiten sind allerdings jedem Menschen angeboren.

Für die menschliche Sprachentwicklung gilt, je variantenreicher ein Kind in dieser Phase von seinen Bezugspersonen Anregungen durch rhythmisches Sprechen, Bewegen, Spiellieder, Krabbelreime erfährt, desto differenzierter kann es diese aufnehmen. Es beginnt durch modulierte Stimmspiele im ersten Lebensjahr selbst musikalische Äußerungen auf einer präsprachlichen Ebene zu gestalten und kann dadurch auch seine Gefühle und Bedürfnisse immer besser ausdrücken.

Theoretische Grundlagen und Erläuterungen

Das zweite Lebensjahr

Im Alter zwischen 12 und 20 Monaten beginnt das Kind, Nomen in Ein- bzw. Zweiwortäußerungen zu sprechen (z. B. „Mama Tasse!"), denn es hat zwischenzeitlich gelernt, dass es mit bestimmten Lautfolgen etwas anderes erreicht als mit anderen. Jedoch können diese Zweiwortsätze unterschiedliche Bedeutungen haben, die die Bezugsperson aus der jeweiligen Situation in der Regel spontan erkennt. Das Beispiel „Mama Tasse!" könnte z. B. „Mama gib mir Saft in die Tasse" oder „Ich möchte eine Tasse haben" bedeuten.

In der Spracherwerbsphase des zweiten Lebensjahres zeigt sich deutlich, wie wichtig eine empathische, auf das Kind und die Situation bezogene sprachliche Kommunikation ist. Wird dem Kind die Tasse ohne Kommentar hingestellt, kann es die Handlung nicht zu den Worten in Bezug setzen. Daher ist es in dieser sprachlichen Entwicklungsphase besonders wichtig, dass die Bezugspersonen ihre eigenen Tätigkeiten und die Handlungen des Kindes sprachlich begleiten („Ich hole dir den Ball", „Werfe mir den Ball zu") und interpretieren („Du kannst gut werfen"). So wird das Kind in seinen Lebensbezügen und Aktivitäten unterstützt und positiv bestärkt. Nur durch aktive sprachliche Kommunikation mit seiner sozialen Umgebung lernt das Kind das Zusammenspiel der einzelnen sprachlichen Komponenten.

Nachdem das Kind sich einen Grund-Lautschatz angeeignet hat, werden neue Laute aus der Muttersprache in das bisherige Lautrepertoire eingefügt. Es entsteht eine kulturabhängige Lautsymbolik und Lautmalerei (Onomatopöie), mit deren Hilfe Kinder ab dem 12. Monat erste Versuche unternehmen, die Welt in Kategorien einzuteilen („Wau-wau" ist vielleicht zuerst jedes Tier mit vier Beinen und Fell).

Kinder im Alter von circa 18 Monaten erreichen die sogenannte 50-Wörter-Marke. Ab diesem Zeitpunkt beginnen sie in einem rasanten Tempo Wörter abzuspeichern und sie in ihren aktiven Wortschatz einzubauen.

Im Alter von zwei Jahren merken sich Kinder im Durchschnitt alle zwei Stunden ein neues Wort. Jede sprachliche Anregung und jedes Wort wird von den Kindern mit einer Leichtigkeit gespeichert, die sich nur durch einen entsprechenden hirn- und entwicklungspsychologischen Reifungsgrad erklären lässt.

Das dritte Lebensjahr (24–35 Monate)

Aus Zweiwortsätzen entwickelt sich im Laufe des dritten Lebensjahres der Mehrwortsatz, in den Beugungs- und Steigerungsformen und eine altersentsprechende Grammatik integriert wird. Im Laufe des dritten Lebensjahres benennt sich das Kind nicht mehr mit dem Vornamen, sondern bezeichnet sich als „ich". Gleichzeitig lechzt es regelrecht nach Gegenständen und Handlungen, um diese im Hinblick auf Gemeinsamkeiten oder Unterschiede sprachlich zu benennen. Das Kind ist in dieser Zeit immer besser in der Lage, sich auf andere Kinder einzustellen und gewisse spielerische Handlungsstränge gemeinsam mit einem anderen Kind durchzuführen. In der Regel ist es jedoch noch in seiner eigenen egozentrischen Sichtweise sehr eingebunden und eine gewisse Frustrationstoleranz muss sich erst entwickeln. Jedoch passiert in diesen gemeinsamen Spiel- und Handlungssituationen oder bei Bilderbuchbetrachtungen vieles, was die sprachliche Entwicklung fördert. Durch den sprachlichen Austausch wird der Wortschatz erweitert und das Kind lernt, sich in die Position von anderen immer besser hineinzuversetzen. Durch Wiederholung und Vergleich lernt es immer besser, Unterschiede und Gemeinsamkeiten von Gegenständen und Handlungssituationen wahrzunehmen, kognitiv in Kategorien einzuordnen und sich sprachlich entsprechend differenziert auszudrücken.

Das vierte Lebensjahr (36–47 Monate)

Während des vierten Lebensjahres lernen die Kinder den Plural und vervollkommnen immer mehr die grammatikalischen Regeln ihrer Muttersprache. Sätze wie: „Der Ballon ist in die Wolken weg-ge-geht" zeigen, dass das Kind die Regeln begriffen hat, aber es noch lernt, die grammatische Regel an der richtigen Stelle umzusetzen. Zudem beginnt die berühmt berüchtigte: „Wo? Wer? Was? Wann? Womit? Warum?-Phase", die sich über viele Monate hinziehen kann. Erwachsene nehmen diese Fragen oftmals als rein rhetorischen Reflex wahr, der sie auf eine lange Geduldsprobe stellt. Für eine gesunde sprachliche und emotionale Entwicklung ist es jedoch wichtig, dieser Phase des Kindes mit Wertschätzung zu begegnen und kindgerechte Antworten zu finden. Denn der Versuch, die Welt durch Fragen zu erschließen, ist eine wichtige Fähigkeit, die dem Kind hilft, seine Umwelt in allen Facetten zu erfassen und sprachlich und dadurch auch kognitiv einzuordnen.

Theoretische Grundlagen und Erläuterungen

Das fünfte und sechste Lebensjahr
Für Kinder in diesem Alter ist es kein Problem, komplexere Aufgabenstellungen zu erfassen und sie in zeitliche Abfolgen zu setzen. Die Kinder sprechen vollständige Sätze, können Vergangenheits- und Zukunftsformen bilden und bis zur Einschulung ist ihre Grammatik ihrem Wortschatz entsprechend nahezu fehlerfrei. Ein Grundwortschatz ist vorhanden, der sich stetig weiterentwickelt.
Sie sind in der Lage, Geschichten selbst zu erfinden, zu fabulieren und in einer zeitlich korrekten Weise eine Geschichte oder ein Ereignis nachzuerzählen.
Die Nachahmung bleibt bis zum Schuleintritt die Grundlage des kindlichen Lernens. So kann das Kind im Symbolspiel das Erlebte zu einem späteren Zeitpunkt mit allen Geräuschen, Emotionen, Dialogen alleine oder mit anderen verarbeiten und sein bestehendes Wissen von der Welt ergänzen.

1.2 Die Sensomotorik und ihre Beteiligung an der Sprachentwicklung

Neugeborene kommen auf die Welt und saugen in ihren wachen Momenten sinnliche Eindrücke wie ein Schwamm auf. Das Gehirn speichert die Eindrücke und sucht nach identischen Inputs, um diese als Muster in festen Repräsentanzen im Gehirn zu manifestieren. Muster sind beispielsweise die Sprache der Umgebung, verbunden mit Berührungen, Liedern, Reimen, Bewegungen. Diese Muster geben dem heranwachsenden und sich fortlaufend verknüpfenden Gehirn eine immer stärkere Sicherheit, Reize aus der Umwelt einzusortieren und zu erfassen. Durch seine Wahrnehmung ist das Kind immer besser in der Lage, sich ein Bild von der Welt zu machen, die Zusammenhänge von Ursache und Wirkung zu verstehen und im wahrsten Sinne des Wortes „dem Ganzen einen Sinn zu geben".
In der frühen Kindheit wird die Basis der motorischen, kognitiven, sprachlichen und emotionalen Entwicklung durch die Vernetzung der Sinne gelegt. Das Zusammenspiel der Sinne ist von grundlegender Bedeutung für jeglichen Entwicklungsbereich und wird als sensomotorische Integration bezeichnet.
Von Geburt an spielt die sensomotorische Integration eine zentrale Rolle in der Entwicklung des Kindes. Die sensorischen und motorischen Aktivitäten sind in der sensomotorischen Integration für die unmittelbare Steuerung und Kontrolle

der Grob- und Feinmotorik, Gestik, Mimik, und Sprachmotorik von enormer Bedeutung.
Der Begriff Sensomotorik oder Sensumotorik lässt sich gut als Regelkreis darstellen, der vom Zusammenspiel und der Wechselwirkung der Sinnesorgane mit den Muskeln bestimmt ist. Die Sinnesreize werden in Millisekundenschnelle über die Nervenbahnen an die Muskeln weitergeleitet und sind dadurch unmittelbar an motorische Impulse gekoppelt (Afferenz). Diese Bewegungsimpulse wirken sich wiederum auf die weitere Tätigkeit der Sinne aus (Reafferenzprinzip). Wir erfahren es täglich selbst, dass bewusste und unbewusste Emotionen, Verhaltensmuster und Reflexe sich stark auf die augenblickliche psychische Befindlichkeit auswirken. Man spricht hier von der Psychomotorik, die die sensomotorischen Bewegungsabläufe, entsprechend der emotionalen Befindlichkeit, in entsprechende Bahnen lenkt.
Der Reifungsprozess der sensorischen Integration ist bis zum Zeitpunkt des Schuleintritts wichtig, damit sich das Kind auf die weitere Entwicklung seiner kognitiven Fähigkeiten in der Schule konzentrieren kann.
In der Rhythmik ist die Motorik untrennbar mit Erfahrungs-, Erkennungs- und Benennungsprozessen verbunden. Lernen durch Bewegung und Musik in Kombination mit Materialien und Instrumenten unterstützt das Kind in der Verknüpfung seiner Sinne. Das prozess- und situationsorientierte Spiel-, Lern- und Förderangebot der Rhythmik ermöglicht den Kindern sprachliche, motorische, soziale und musikalische Kompetenzentwicklungen.
Weiterführende Informationen zu den Sinneswahrnehmungen, ihre Defizite und Förderung durch Rhythmik und Musik, vgl. Hirler 2003[6].

1.3 Kognitive und soziale Dimensionen der Sprachentwicklung

Die kognitive Entwicklung – und somit auch die Sprachentwicklung des Kindes – ist untrennbar mit den sozialen und emotionalen Beziehungen zu den Bezugspersonen und dem sozialen Umfeld verknüpft. Dies beginnt schon direkt nach der Geburt. Denn Babys, deren Äußerungen unmittelbar und empathisch beantwortet werden, entwickeln im Laufe des ersten Lebensjahres eine „sichere Bindung" – die Basis für eine positive Einstellung zum Leben, der Freude an Beziehungen und der Erkundung der Welt.

Theoretische Grundlagen und Erläuterungen

Das jüngere Kind lernt implizit, also unbewusst aus dem spontanen Geschehen und Handeln. Diese kognitiven Prozesse sind beim Baby und Kleinkind in der Regel in soziale Interaktionsformen eingebettet und emotional eingefärbt. Die kognitiven Fähigkeiten – wie aufmerksam zu sein, sich zu erinnern, etwas zu planen, sich etwas vorzustellen, kreativ zu denken, das serielle Denkvermögen (Regeln und Abläufe) zu nutzen – erhalten ab der Geburt ihre ersten Entwicklungsimpulse und sind für die Ausbildung von Intelligenz und dem späteren zielgerichteten oder expliziten Lernen unabdingbar.

Sprachfähigkeit und Denkprozesse beeinflussen sich gegenseitig, da mit dem fortschreitenden Spracherwerb die Denkfähigkeit des Kindes angeregt wird: „Ein Wort, das ein Kind nicht kennt, ist ein Gedanke, den es nicht denken kann" (Wolfgang Maier).

Kognitive Dimensionen

Kinder haben von Anfang an die Fähigkeit zu differenzierter Wahrnehmung, zum Strukturieren und Verarbeiten ihrer Sinneseindrücke. Sie suchen von sich aus nach neuen Eindrücken und Erfahrungen. Wichtig für die kognitive Entwicklung ist die Neugier auf Neues, die sich nur auf der Basis sicher gebundener Beziehungen optimal entwickeln kann. Der Säugling lernt im Alter von vier bis fünf Monaten das Greifen und kann seine Umwelt anhand des Tast- und Spürsinnes be-greifen. Daraus entwickelt sich wiederum ein Verhältnis zu Raum und Zeit (z. B. Krafteinsatz, Schnelligkeit beim Spiel mit einem Ball) und es erschließen sich dem Kind die Gesetzmäßigkeiten im Umgang mit Gegenständen, Menschen und Tieren (zerrt das Kind am Fell des Hundes, läuft er weg. Wird der Hund gestreichelt, bleibt er liegen).

Die Energie der Neugier gepaart mit dem Greifen und Begreifen sind die Schlüssel, mit denen sich das Kind Informationen über seine belebte und unbelebte Umwelt erschließt.

Innerhalb des ersten Lebensjahres ist das Kind jedoch noch nicht fähig, eine Person in ein Spiel z. B. mit einem Gegenstand miteinzubeziehen. Es kann also entweder nur in direkte Interaktion treten oder sich auf das Spiel mit einem Gegenstand einlassen. Gegen Ende des ersten und zu Beginn des zweiten Lebensjahres kommt es zu einer radikalen Änderung. Das Kind hat nun so viele Erfahrungen mit seiner sozialen und gegenständlichen Umwelt gemacht, dass es beginnt, diese miteinander zu verbinden. Dieser *„trianguläre" oder „referentielle" Blickkontakt* wird als Ursprung der sprachlichen Interaktion des Kindes

Unterwegs zur Sprache

angesehen, da es jetzt bewusst Aktionen startet, um eine sprachliche Reaktion in Form von Rufen, Fragen oder Kommentaren des sozialen Umfeldes zu erhalten. Die ersten „Kindwörter" sind dann nur noch eine Frage der Zeit. Das Kind beginnt nun im zweiten Lebensjahr, einfache logische Klassifizierungen von Begriffen, z. B. jede Pflanze, jeder Baum ist eine „Lumme" (Blume), und ihre Beziehungen untereinander zu entwickeln. Es lebt in der „Jetzt"-Zeit, also der Gegenwart, und kann aus diesem Grund nur die augenblicklichen Zusammenhänge und Prozesse, mit denen es in Beziehung steht, beeinflussen und koordinieren.

Im dritten und vierten Lebensjahr entwickelt sich, eng an die Sprachentwicklung geknüpft, seine Fähigkeit, *Erinnerungen zu speichern* und in der Vergangenheitsform auszudrücken. Gemeinsamkeiten und Unterschiede zu beachten hilft dem Kind, etwas Neues einzuordnen, es kennenzulernen, es zu benennen und sich später daran zu erinnern (‚Erfahren – erkennen – benennen'). Ab etwa Mitte des dritten Lebensjahres sind Kinder in der Lage, eine *Spielidee zu entwickeln* und kleine Szenen darzustellen, die je nach Situation und emotionaler Befindlichkeit erweitert werden können. Damit einher geht ebenfalls die kognitive Fähigkeit, sich Spielhandlungen auf einer imaginären Ebene vorzustellen. War der spielerische Handlungsrahmen bisher durch Funktionsspiele bestimmt, können sich Gegenstände nun wandeln, ersetzt werden und neue Handlungsstränge daraus entwickelt werden. Anstelle von konkreten Objekten werden nun zunehmend Zeichen und Symbole in das Denken integriert. In seiner Vorstellung kann das Kind immer besser über Ereignisse und Dinge nachdenken und sich in Beziehung dazu setzen. Dadurch wird es unabhängiger von der konkreten Beobachtung. Das Denken wird „abstrakter" oder anders ausgedrückt: „repräsentativ". Ein Beispiel: Ein „Fahrrad" kann in der Vorstellung des Kindes durch das Wort „Fahrrad", dann durch das innere Bild eines Fahrrads, durch charakteristische Fahrbewegungen, durch das Bild eines Fahrrads oder durch ein echtes Fahrrad repräsentiert werden. Objekte können also durch Vorstellungen und andere Objekte symbolisch ersetzt werden. Dieses sogenannte *Symbolspiel* markiert einen wichtigen Abschnitt der kognitiven Entwicklung. Das Symbolspiel fördert das serielle Denkvermögen, also das Erfassen von Abläufen, Regeln und ihr Zusammenspiel, und ist für die altersgemäße Intelligenzförderung grundlegend.

Theoretische Grundlagen und Erläuterungen

Soziale Dimensionen

Erfinden Kinder auf einer fiktiven, imaginären Ebene Situationen und Geschichten, wird dieser Vorgang auch als „Magische Phase" bezeichnet. Die magische Phase, die sich synchron mit dem abstrakten Denkvermögen im Symbolspiel herauskristallisiert, ist für die emotionale und soziale Entwicklung des Kindes von großer Bedeutung. Je mehr ein Kind aus seinen eigenen Ideen und seinem schon vorhandenen Sprach- und Wissensschatz schöpft und in neue Spielideen allein oder mit anderen umsetzt, desto besser kann es sein Denken und Wissen vernetzen.

Durch das magische Denken, in welches das Symbolspiel integriert ist, vermag das Kind imaginäre Handlungen aufzubauen, in die es emotional eintaucht. Dabei lernt es neue, wenngleich imaginäre Situationen, emotional und sprachlich mit entsprechenden Handlungen zu verarbeiten und zu verknüpfen. Die Kinder sind außerdem in der Lage, sich mit Hilfe ihrer Fantasie eine eigene Welt zu schaffen, mit der sie viele Emotionen, wie Frustrationserlebnisse, Ängste, Herzenswünsche und Kritik, besser verarbeiten können. Durch Fantasiefiguren setzen sich Kinder mit eigenen unterdrückten Wünschen und mit Einschränkungen durch die Erwachsenen auseinander. Weil das fiktive Spiel zunächst einfacher ist, üben sie das Für und Wider solcher Wünsche gewissermaßen mit verteilten Rollen. Sie schieben die unerfüllten Wünsche, die Verstöße gegen Verbote den Gefährten in ihrer Fantasie zu. Mal identifizieren sich Kinder mit den erdachten Figuren, dann spielen sie die Eltern, die dem Kind Grenzen geben müssen, die es vielleicht nicht einsieht. Die Perspektiven werden gewechselt, ein wichtiger Schritt für die Entwicklung der emotionalen Intelligenz, die auf dem Einfühlungsvermögen basiert. Mit dem Eintritt in das Schulalter und während der Grundschulzeit verblassen die Gefährten aus der Welt der Fantasie und verschwinden schließlich.

Dem Symbolspiel wird in diesem Buch als wichtige sprachliche, kognitive und soziale Entwicklungsgrundlage des Kindes durch die Einbettung der Rhythmikprojekte in Geschichten und kreative Umsetzungsformen ein hoher Stellenwert eingeräumt.

2. Rhythmik und Sprachförderung

2.1 Sprache – Musik – Bewegung

Musik „ohne Grenzen"
Kein Mensch kann sich der Wirkung von Musik entziehen, denn interessanterweise reagiert unser Körper durch feine Bewegungen (z. B. durch Taktwippen, Veränderung der Pulsfrequenz) auf Musik, die uns gefällt, aber auch auf Musik, die uns nicht zusagt. Unabhängig von kultureller Prägung, persönlichen Erfahrungen, Vorlieben und Abneigungen ruft Musik Reaktionen hervor, die sich der bewussten Kontrolle entziehen, da sie das autonome (vegetative) Nervensystem stimuliert. Die Wirkungen können anregend sein, aber auch beruhigend. Diese unserer bewussten Kontrolle entzogenen Reaktionen zeigen deutlich, dass eine musikalische Resonanzfähigkeit und eine grundlegende musikalische Disposition zur genetischen Grundausstattung jedes Menschen gehören.

Musik und Sprache – ein „Geschwisterpaar"
Häufig werden Sprache und Musik als „Schwestern" bezeichnet, was sich daraus erklären lässt, dass Sprache und Musik aus nahezu identischen Merkmalen bzw. Parametern bestehen: Melodie und Phrasierung, Rhythmus, Akzente und Artikulation, Tempo und Dynamik. Sprache und Musik bilden auch sehr ähnliche Strukturen, wie an der Abfolge von Wörtern und Tönen, Melodien und Sätzen zu erkennen ist. Zudem lernen wir sowohl die Sprache als auch Musik auf der elementaren Lernebene nur durch Zuhören und Nachahmen.
Eine Wechselwirkung besteht auch auf einer anderen Ebene: Wir können mit Musik, zum Beispiel bei der Musikimprovisation, sprachliche Gebilde wie Gedichte, Geschichten, Reime oder Bilder zum Ausdruck bringen. Musik hingegen kann einen entsprechenden sprachlichen Ausdruck finden, indem sie interpretiert und analysiert wird. Die enge Verschwisterung von Sprache und Musik zeigt sich auch auf einer tieferen Ebene, die mit unserem Denken und Fühlen zu tun hat: Sprache und Musik sind Medien, in denen wir unsere Stimmungen und Emotionen zum Ausdruck bringen können.
Hirnphysiologische Untersuchungen bestätigen auf wissenschaftlicher Ebene die enge Verschwisterung von Sprache und Musik. So konnte gezeigt werden, dass es bei der Verarbeitung von Musik und Sprache im Gehirn Parallelen gibt.

Theoretische Grundlagen und Erläuterungen

Neben diesen vielen Gemeinsamkeiten gibt es natürlich auch Unterschiede: Die Musik wird als eine „universelle Sprache" bezeichnet, weil alle Menschen, unabhängig vom Kulturkreis, Musik „verstehen", da Musik entsprechende emotionale und motorische Reaktion auslöst. Bei der gesprochenen Sprache ist das anders. Es gibt viele verschiedenen Sprachen – und mithin Grenzen der Verständigung. Ein Blick auf den Alltag in Kindertagesstätten genügt als Beweis: nur selten sprechen alle Kinder in einer Gruppe die gleiche Muttersprache. Und gerade in diesem Kontext ist die Musik wichtig, da insbesondere über Lieder eine inspirierende Wechselwirkung von Sprache und Musik hergestellt werden kann und sprachfördernde Erfolge zu verbuchen sind.

Musik, Sprache und Emotionen

Die Verbindungen zwischen Sprache, Musik, Bewegung sind beim Menschen sehr eng geknüpft und untrennbar mit dem emotionalen Kontext der Situation verbunden. Anthropologen gehen davon aus, dass schon die Vorläufer des Homo sapiens zur sozialen und emotionalen Stärkung ihres Sippenverbandes Musik in Form von Singen und Tanzen eingesetzt haben. Diese menschheitsgeschichtliche Episode wiederholt sich sozusagen in der individuellen Entwicklung des heutigen Menschen. Betrachten wir die ersten Interaktionssituationen zwischen Erwachsenen und Babys, so fällt auf, dass Blickkontakt und Berührung durch Sprachspiele oder Sing-Sang mit ausgeprägter Prosodie ergänzt werden. Eine wechselseitige emotionale Bindung entsteht, und auf der Basis von Imitation wird diese musikalisierte Sprache zur ersten vorsprachlichen Kommunikationsebene der Babys (Lallphase). Tatsache ist jedoch, dass ohne emotionale Bindung diese elementaren Kommunikationsformen nicht ausgeführt werden können. Dem Baby fehlt damit ein entscheidender Baustein beim Erlernen der Muttersprache.
Emotionale Zuwendung und sprachlich-musikalische Interaktion bleiben im Laufe des gesamten Spracherwerbsprozesses wichtig – daher sind zum Beispiel Spiellieder von so außerordentlich großer Bedeutung in der Sprachförderung.

Musik und Sprache – in Bewegung

Bewegung ist die Grundlage für jegliches Lernen. Wer Worte finden will, muss zuerst wissen, worum „es geht", zum Beispiel die Erfahrung von greifen, kriechen, krabbeln, gehen, laufen und hüpfen machen, um Worte zu finden. Bewegungsverben gehören übrigens zu den ersten Worten, die Kinder lernen.

Rhythmik und Sprachförderung

Auch die Welt der Musik erobern sich Kinder am liebsten in Bewegung: Sie lieben es, sich zur Musik, zu Spielliedern und Reimen zu bewegen. Musikalische Angebote für das jüngere Kind enthalten die Bestandteile von Musik und Sprache. Sie sind langsam oder schnell, laut oder leise, rhythmisiert oder in gleichmäßiger Pulsation, schneller oder langsamer werdend, lauter oder leiser werdend. All diese Bestandteile bzw. Parameter der Musik und der Sprache werden von den Kindern über die Bewegung er-fahren, be-griffen und „einverleibt".

Wie wirken elementare Musik- und Bewegungsformen?

Alle elementaren musikalisch-bewegten Ausdrucksformen wie Lieder, Reime sowie entsprechende Spielformen, also Kniereiter, Fingerspiele und Tänze, wirken sprachfördernd – das zeigen psychologische und neurobiologische Studien. Sie eröffnen Lernprozesse, die an den Interessen der Kinder anknüpfen und vielfältige Sinneserfahrungen mit Sprechen und Handeln verbinden. Dabei ist z. B. das Singen mit Emotionen verbunden und es wird automatisch die Ausschüttung von Dopamin (neuroplastischer Botenstoff im Gehirn) in Gang gesetzt. Dieses ist wiederum für das Wachstum und die Verschaltung von Netzwerken im Gehirn zuständig.

Spiellieder sind besonders effektiv, wenn es um die Sprachförderung geht. Sie basieren auf einer Geschichte, deren Handlung sich das Kind spielerisch merkt. Das fördert das serielle Denken, die Konzentrationsfähigkeit und das Erinnerungsvermögen. Die dazu entsprechenden Bewegungen verweben Wortschatz, Satzbau, Bedeutung, Prosodie, Artikulation, Kinästhesie, auditive und visuelle Wahrnehmung sowie Emotionen optimal und auf besonders kindgerechte Weise.

2.2 Sprachförderung durch Rhythmik

Stimme und Sprache in der Rhythmik

Kinder brauchen Ansprache, emotionalen Kontakt, rhythmische Bewegung und Gesang, um ihre eigene Sprache spielerisch zu entdecken. Die Rhythmikerin Wilma Ellersiek (1921–2007) meinte dazu: „Alle sprachlichen, musikalischen, bewegungsmäßigen rhythmisch-klanglichen-dynamischen Vorgänge werden in der rhythmisch-musikalischen Erziehung durch die Bewegung zu konkreten Erfahrungen, so dass das Kind sich alles ganz ‚einverleiben' kann."

Theoretische Grundlagen und Erläuterungen

Der Einsatz von Stimme und Sprache im Rhythmikunterricht ist vielschichtig. In folgenden Methoden werden sie in der Rhythmik eingesetzt:
- **Spiele mit der Stimme**, bei der Geräusche, Lautmalerei, Rufe zu einem bestimmten Thema (Urwald, Natur, Wasser, Wind etc.) eingesetzt werden
- **Verse und Reime**, die durch entsprechend rhythmisiertes Sprechen des Versmaßes und den variablen Einsatz von Sprachmelodie und Lautstärke zum Einsatz kommen
- **Lieder**
- **Sprachspiele**, z. B. eine Fantasiesprache erfinden
- **Darstellendes Spiel / Rollenspiel**
- **Verbale Kommunikation** in interaktiven Gruppenprozessen

Die Grundelemente und rhythmischen Polaritäten in denen sich Rhythmikangebote bewegen, sind:
- **Raum** (groß – klein, hoch – tief, vorne – hinten, nahe – fern)
- **Zeit** (lang – kurz, schnell – langsam)
- **Kraft** (leicht – schwer, laut – leise) und
- **Form** (Liedform, Signal, Wiederholungen, Tanzform, Materialform, Interaktionsformen etc.)

In welchem Spannungsfeld jedoch bewegt sich die Sprache, neben Musik, Bewegung und Materialien der vierte methodische Grundpfeiler im Rhythmikunterricht? Die Rhythmikerin Catherine Krimm-von Fischer beschreibt durch Hinzunahme des Parameters „Klang" und durch Wegnahme des Parameters Raum den Einsatz der Sprache in der Rhythmik folgendermaßen:

„Durch die Elemente Zeit, Kraft, Klang und Form in Bewegung und Musik wird das Kind unbewusst mit den entsprechenden Elementen des Sprachgeschehens vertraut. Die Sprache also kann durch Bewegung und Musik erlebt, angebahnt, geübt und bewusst gemacht werden:
– Das zeitliche Element beeinflusst das Sprachtempo und den Sprachrhythmus.
– Das Element der Kraft beinhaltet die unterschiedlichen Sprechimpulse, Intensität und Akzente.
– Das klangliche Element der Sprache gestaltet deren Klangfarbe, Tonhöhe und Melodieablauf.

Rhythmik und Sprachförderung

– Das Element der Form beeinflusst Wortwahl, Satzbau und wiederum den Rhythmus der Sprache" (Krimm-von Fischer 1998, S. 51).
In den nachfolgenden Ausführungen dieses Kapitels werden Rhythmikmethoden vorgestellt, bei denen der Einsatz von Sprache eine wichtige Umsetzungsmodalität ist. Diese werden unter entwicklungspsychologischen und sensomotorischen Gesichtspunkten beleuchtet.

Das Zusammenspiel von Sprache und Bewegung in Reimen und Liedern

Beim Baby und Kleinkind
Der Spracherwerb beginnt schon lange bevor das Kind selbst sprechen kann. Alle Sinneseindrücke bilden die Grundlage für den Erwerb der Sprache – wobei hier insbesondere die Integration der Bewegungs- und Wahrnehmungserfahrungen von Bedeutung ist, auf der wiederum alle anderen komplexen Lernprozesse aufbauen.

Die Mutter und andere Bezugspersonen verstehen es in der Regel intuitiv, den jeweiligen Entwicklungsphasen des Kindes entsprechend mit ihm sprachlich, körperlich und emotional zu kommunizieren. Besonders wichtig in diesem Zusammenhang sind sprachliche und musikalische Angebote, die mit Mimik und Gestik kombiniert sind, wie z. B. Kose- und Neckspiele sowie Kniereiterspiele.

Kose- und Neckspiele vereinen Sprache und Bewegung und vermitteln dem Kind ganzheitliche Erfahrungen. Die Stimme ist ein Teil unserer Persönlichkeit und das Kind befindet sich sozusagen in einem emotionalen Klangbad. Berührungen unterstreichen den Sprachrhythmus und die Lautmalerei von symbolischen phänomenologischen Vorgänge (z. B. „Dripp, dropp!" für das Tropfen des Regens). In der Wiederholung erfährt das Kind in der Sicherheit des ihm schon Bekannten die phänomenologischen Vorgänge und Handlungen über das Gehör, das Fühlen, Tasten und Sehen und kann dadurch die Inhalte des Reimes oder Liedes noch komplexer im Gehirn verarbeiten und speichern. Kniereiterspiele sind im Praxisteil dieses Buches nicht enthalten – können aber als sprachförderndes Element gerade bei Kindern mit sprachlichen Defiziten, die diese elementaren Erfahrungen vielleicht nicht gemacht haben, zum Einsatz kommen.

Praxisbeispiel: Lied: Schnick-Schnack-Schnecke, als Handgestenspiel, S. 118

Theoretische Grundlagen und Erläuterungen

Beim Kindergartenkind
Sprache wird musikalisch in rhythmische Reime und Lieder „verpackt" und mit einem motorischen Erleben verbunden (Finger- und Handspiele, Kindertänze, Spiellieder, Spielreime). Sprache, Musik, Gesang und Bewegung verschmelzen in der Spielform des Spielliedes. Die Kinder erhalten durch Spielreime und Spiellieder Anreize zum ganzheitlichen Umgang mit der Sprache und mit ihren Sprechwerkzeugen (Zunge, Gaumensegel, Lippen usw.).
In der frühen Kindheit werden Lieder und Reime in der Regel mit einfachen Bewegungen ergänzt. Dadurch fällt es den Kindern leichter, sich den Text zu merken. Gereimter Text, wenige Strophen, einfache Melodieführung und pro Silbe ein Melodieton (Syllabik) sowie eine Thematik, die aus der Erlebnis- und Interessenwelt der Kinder stammt, sind wichtige Parameter eines Kinderliedes.
Praxisbeispiel: Lied: Die Schildkröte, als Spiellied, S. 73

Beim Vorschul- und Grundschulkind
In dieser Altersspanne kommen komplexere Lieder und längere Reime (Gedichte) zum Einsatz. Sie erzählen Geschichten und sind rhythmisch, melodisch und harmonisch vielfältiger. Trotzdem ist es den Kindern ein großes Bedürfnis, sich zu Liedern und Reimen zu bewegen.
Praxisbeispiel: Spiellied: Die Kleckskönigin, S. 150

Das Spiellied – Sprachförderung pur!

Spiellieder sind eine ganzheitliche Förderung mit Musik, Sprache und Bewegung. Die Umsetzungsmethode kann verschieden sein: Zum Beispiel akzentuiert ein Spiellied in Kreisform das Erleben in und als Gemeinschaft. In diesem Rahmen trauen sich auch schüchterne Kinder, aktiv zu werden und aktiven Kindern gelingt es leichter, sich in die Gruppe zu integrieren. Ein Spiellied kann aber auch als Partnerspiel, Instrumentalspiel, mit Materialien, als Rollenspiel, als Bewegungsspiel und als Grundlage zu Fortbewegungsarten eingesetzt werden. Dabei ist es stets wichtig, dass Kinder ein ihrer Stimmlage gemäßes stimmliches Vorbild haben, um ihre eigene Singstimme entwickeln zu können. Ihre Stimmlippen sind kürzer als die von Erwachsenen und zu tief angestimmte Lieder nötigen den Kindern einen „Schreigesang" ab, der zu Rissen, Knötchen und Schwellungen der Stimmlippen führt und die Kinderstimme für immer schädigen kann. Der Tonumfang von Kinderliedern kann zwischen c_1 bis f_2 betragen, liegt jedoch in Regel zwischen c_1 und c_2.

Rhythmik und Sprachförderung

Häufig ist zu beobachten, dass sich Kinder bei der Einführung eines neuen Spielliedes zunächst darauf beschränken, nur die grob- und/oder feinmotorischen Bewegungen umsetzen. Erst nach einer gewissen Zeit singen bzw. sprechen sie mit. Dies zeigt noch einmal deutlich, wie elementar Bewegung als Grundlage von Sprache und Sprechen funktioniert. Das Kind ist anfänglich von der komplexen Bewegungsform des Spielliedes absorbiert, nimmt aber während weiterer Wiederholungen ohne stimmliche Beteiligung Informationen über die Bedeutung, den Satzbau und die Reihenfolge des Liedes auf. Es erfährt, dass das Lied einen Anfang und ein Ende besitzt und eine gewisse Länge hat. Es lernt, dass ein Lied eine zeitlich festgelegte Form und Struktur besitzt (z. B. Strophe, Refrain). Erst wenn es sich den strukturellen Ablauf motorisch und inhaltlich „erobert" hat, beginnt das Kind, sich stimmlich zu äußern.

Kinder, die mit Spielliedern, Reimen und Gedichten und anderen musikalischen Aktivitäten aufwachsen, können sich Sätze länger merken und besitzen eine erhöhte kombinatorische Fähigkeit, um Gehörtes zu analysieren.

Praxisbeispiel: Lied: Auf dem Rücken unserer Pferde, als Spiellied, S. 100

Lieder und Reime als Finger- und Handgestenspiele

Finger- und Handgestenspiele gibt es in vielfältigen Spielformen: als Schattenspiel, Fingerpuppenspiel, Klatschspiel etc. Sie alle fördern auf komplexe und ganzheitliche Weise die Entwicklung des Kindes.

Kinder reagieren mit augenblicklicher freudiger Aufmerksamkeit, wenn wir mit ihnen ein Finger-, Handgesten-, Klatsch-, Faden- oder Schattenspiel durchführen. Ihnen wird sozusagen auf einer Mini-Bühne ein kleines Theater geboten, in das sie mit der Kraft ihrer Fantasie und ihrem Vorstellungsvermögen eintauchen.

Die Feinmotorik und die Koordination der einzelnen Finger, der Bewegungsabläufe der beiden Hände, fördern die Kinästhesie und die Graphomotorik, die für das spätere Schreibenlernen von Bedeutung sind. Gleichzeitig wird durch die Feinmotorik der Hände und Finger das Sprachzentrum im Gehirn angeregt, das eine funktionale Einheit mit der Motorik der Hand bildet, dessen Areal in direkter Nachbarschaft liegt.

Oberflächlich betrachtet mag der Schwerpunkt der sensorischen Verarbeitung von Sprache bei der auditiven Wahrnehmung liegen. Doch die Feinmotorik der Hände (Gesten) und feinmotorische Bewegungen der Finger, verbunden mit rhythmischer Sprache, Lautmalereien und vielleicht einer einfachen Melodie,

Theoretische Grundlagen und Erläuterungen

aktivieren gleichzeitig mehrere Bereiche des Gehirns und stellen dadurch eine besonders ganzheitliche und umfassende Sprachförderung dar.

Bei vielen Finger- und Handgestenspielen werden die Hände gleichberechtigt eingesetzt, bei anderen überschreitet eine Hand oder beide Hände die Körpermitte. Das bedeutet eine besondere Förderung des Zusammenspiels der Gehirnhälften. Günstig für das Zusammenspiel der Hemisphären ist es, wenn ein Fingerspiel auch mit getauschten „Rollen" durchgeführt wird. Die Bewegungen werden dabei mit der jeweils anderen Hand durchgeführt.

Darüber hinaus wird die Auge-Hand-Koordination entwickelt und kann sogar in der Weiterführung z. B. in das alte Schreibspiel „Punkt, Punkt, Komma, Strich, fertig ist das Mondgesicht!" münden, bei dem im Sprachrhythmus die Punkte etc. zu setzen sind.

Das rhythmische Sprechen im Sprachrhythmus, das Singen der Liedmelodie, Reimendungen und die lautmalerische Umsetzung von phänomenologischen Vorgängen („Hui-huuh!" für Wind) erleichtern die Bewegungsausführung und die Erinnerung, da die Kinder diese Sprachelemente als strukturgebende Stütze nehmen. Durch Wiederholungen wird das sprachliche Angebot spielerisch „implantiert".

Wichtig für den Pädagogen ist der spielerische Einsatz der Fingerspiele und dazu gehört, dass die Kinder den Text nicht auswendig lernen, sondern sich über die Nachahmung die Bewegungsfolgen und durch das Mitsprechen den Text „einverleiben". Es ist deshalb sinnvoll, ein Fingerspiel über einen längeren Zeitraum anzubieten, denn die meisten Kinder können die Vielzahl an Eindrücken nicht gleichzeitig verarbeiten und schauen zum Beispiel erst einmal zu. Oder sie bewegen fragmentarisch ihre Hände mit oder sprechen auch nur partiell. Kinder lernen im Augenblick und setzen nur die Eindrücke um, die sie verarbeiten können. Daran erkennt man deutlich, wie sensorisch anspruchsvoll Fingerspiele und Co. sind. Für Kinder ist dieser vielschichtige Lernprozess durch Wiederholung und Nachahmung in einem ansprechenden emotionalen Kontext die effektivste Form des Lernens, was durch Forschungsergebnisse der Hirnforschung bestätigt wird. Der Lernprozess dauert zwar vermeintlich länger, wird aber komplexer im Gehirn vernetzt und ist dann jederzeit abrufbar.

Praxisbeispiele: Bewegungsspiel und Reim: Gefährliche Krokodile!, S. 86
Wahrnehmungsspiel mit Reim: Bei meinem Pferd, als Partnerspiel, S. 107 f.
Lied: Kleine Spinne, als Spiellied mit Faden, S. 90

Rhythmik und Sprachförderung

Fortbewegungsarten
Die Fortbewegungsarten Gehen, Laufen, Schreiten, Hüpfen und Galoppieren sind in der Rhythmisch-musikalischen Erziehung eine wichtige Methode im Unterricht. Fortbewegungsarten sind sehr gute methodische „Füllmittel" innerhalb eines Angebots, funktionieren aber auch allein als Spielform. Dabei werden basale Fähigkeiten entwickelt, die für die Sprachentwicklung wichtig sind:

- *Koordination von Nah- und Fernsinnen (sensomotorische Integration):* Die Fähigkeit, Bewegungsabläufe, Raumwahrnehmung (auditive und visuelle Wahrnehmungsverarbeitung) und die Information der Musik koordinieren zu können.
- *Stärkung des Reaktionsvermögens (Stopp, Tempo- und Instrumentenwechsel) und der Konzentrationsfähigkeit:* Die Fähigkeit, während der Bewegung von einer Fortbewegungsart in eine andere umzuschalten.

Fortbewegungsarten fokussieren die sensomotorische Umsetzungsfähigkeit von „Hören – Bewegen".

Fortbewegungsarten in Liedern und Reimen
Die Kombination von Sprachrhythmus und Text ist bei der Umsetzung von Liedern und Reimen zur Begleitung von Fortbewegungsarten eine besonders sprachfördernde Methode. Sie kann für Pädagogen von Vorteil sein, die kein Instrument beherrschen. Die rhythmisierte Sprache, der pro Silbe eine Note zugeordnet ist (Syllabierung), wird gleichzeitig in Grobmotorik als Fortbewegungsart umgesetzt. Dieser Vorgang fördert besonders die Unterscheidungsfähigkeit von Silben, was für die auditive Sprachwahrnehmung von großer Bedeutung ist (zur phonologischen Bewusstheit siehe S. 29 f.).

Praxisbeispiele:
Die folgenden Praxisbeispiele sind speziell für Fortbewegungen gemacht und nicht als Reim, der zum Beispiel als Fingerspiel durchgeführt werden kann. Es ist sehr wichtig, dass die Silbenzahl stimmt und das Versmaß als Metrum entsprechend dem Tempo ausgeführt wird. Ergänzend kann eine Melodie dazu gesungen werden.
Wichtig ist, dass der Sprachrhythmus gleichmäßig durchläuft, damit sich die Kinder über eine gewisse Zeitspanne darauf einstellen können. Das Tempo ist insgesamt rascher, für das jüngere Kind doppelt so schnell wie für Erwachsene.

Theoretische Grundlagen und Erläuterungen

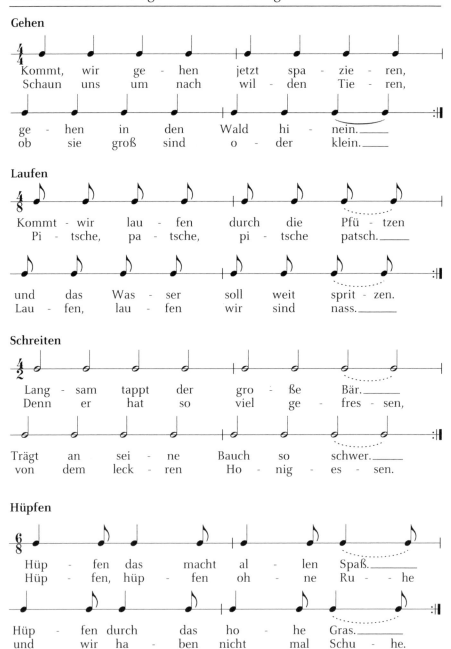

Rhythmik und Sprachförderung

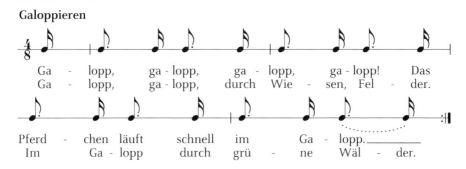

Galoppieren

Ga - lopp, ga - lopp, ga - lopp, ga - lopp! Das
Ga - lopp, ga - lopp, durch Wie - sen, Fel - der.
Pferd - chen läuft schnell im Ga - lopp.
Im Ga - lopp durch grü - ne Wäl - der.

Fortbewegungsarten mit instrumentaler Begleitung
Die Fortbewegungsarten Laufen, Gehen, Schreiten, Galoppieren und Hüpfen werden von der Erzieherin auf beliebigen Instrumenten gespielt. Die auditive Hördifferenzierung ist auf die Unterscheidung von Tempo, Lautstärke, Rhythmus und je nach Spielausführung auf unterschiedliche Instrumente fokussiert. Das Selber-Musizieren bietet in diesem Fall Vorteile, da die Erzieherin wesentlich prozessorientierter auf das Unterrichtsgeschehen reagieren kann. Dennoch können bei der Umsetzung auch Tonträger zum Einsatz kommen, allerdings ist genau darauf zu achten, dass die Tempi kindgerecht sind und die Melodieführung für die Fortbewegungsarten geeignet ist.

2.3 Entwicklung von phonetischer und phonologischer Bewusstheit in der Rhythmik

Eingangs wurden bereits die vielfältigen Entwicklungsaufgaben beschrieben, die Kinder im Prozess des Spracherwerbs durchlaufen. Ein wichtiger Bereich in der Sprachentwicklung ist die phonetische Entwicklung, bei der das Kind lernt, mit seinen Sprechwerkzeugen Sprachlaute zu bilden. Für die phonologische Entwicklung hingegen ist die Fähigkeit, Sprachlaute wahrzunehmen und zu unterscheiden von Bedeutung. Kinder müssen allerdings diese Kompetenzen nicht nur erwerben, sie müssen sie bewusst einsetzen können. Man spricht daher auch von phonetischer und phonologischer Bewusstheit. Beides sind wichtige Voraussetzungen, um im Schulalter das Lesen und Schreiben zu erlernen, denn hier müssen Kinder die Lautstruktur der gesprochenen Sprache erkennen, um sie dann auch schriftlich wiederzugeben.
Die Förderung der phonetischen Bewusstheit ist besonders bei denjenigen Kindern von Bedeutung, die eine zu geringe Körperbewusstheit im Bereich des

Theoretische Grundlagen und Erläuterungen

Mundes und Gesichtes besitzen. Dadurch spüren sie nicht ihre Zunge, Gaumen und weitere Bereiche, was zu Problemen bei der Umsetzung von Lauten und zu unkontrolliertem Speichelfluss führen kann. Ziel der Förderung der phonetischen Bewusstheit ist die korrekte motorische Lautrealisation: Besonders wichtig ist die Förderung der oralen taktil-kinästhetischen Wahrnehmung und der Herstellung eines ausgeglichenen Muskeltonus im Bereich Gesicht und Mund (orofaziale Wahrnehmung).

Bei der Förderung der phonologischen Bewusstheit wird der korrekte Lauteinsatz innerhalb von Wörtern angebahnt. Besonders die Förderung der nonverbalen auditiven Wahrnehmung und zusätzlich die der Lautwahrnehmung von Sprache stehen im Vordergrund von Angeboten: Zum Beispiel durch Silbensegmentieren („Ti-ger"), dem Erkennen und Produzieren von Reimwörtern („Da kommt die Maus aus ihrem ..."), dem bewussten Manipulieren von Lauten („Laus" statt „Klaus") und beim jüngeren Kind das bewusste Wiedererkennen von Lauten im Wort (F-isch, F-oto, V-ogel).

Im Mittelpunkt der Förderung der phonetischen und der phonologischen Bewusstheit stehen *auditive Wahrnehmungsangebote.* Sie fördern die auditive Unterscheidungsfähigkeit. Vor allem die Hördifferenzierung von nonverbalen auditiven Wahrnehmungsspielen, wie in der Rhythmik sehr häufig umgesetzt, sind ein wichtiger Baustein in der Sprachförderung bei Artikulationsstörungen.
Praxisbeispiel: Auditives Wahrnehmungsspiel: Murmelwege, S. 77 f.

Desweiteren sind *Sprachspiele* zur Förderung der phonologischen und phonetischen Bewusstheit besonders wichtig. Sprechfreude wird durch ein spielerisches Angebot von Sprachspielen gefördert, das gleichzeitig hilft, Laute anzubahnen. Reime und Lieder in Kombination mit Bewegungen ermöglichen dem Kind, sich durch die Wiederholung in den Sprachfluss einzuklinken, auch wenn es dies erst fragmentarisch umsetzen kann. Es macht Spaß und dadurch werden Hemmungen abgebaut. Das Kind lernt dabei nicht nur Lieder, Verse und Reime auswendig zu singen und zu sprechen, sondern auch die Reime zu erkennen und bei Sprachspielen spontan Reime zu bilden.
Einfache *Kinderlieder,* bei denen jede Silbe einem Melodieton zugeordnet wird (Syllabierung), sind ähnlich wirkungsvoll wie *rhythmisch gesprochene Reime.* Grundschulkinder mit Lese-Rechtschreibschwäche besitzen oftmals eine geringere Erfassungsspanne (Menge der Informationen, die die Kinder auf einmal aufnehmen können) und können dadurch die gesprochene Sprache nicht

Rhythmik und Sprachförderung

in Sinneinheiten kognitiv erfassen. Der Sprachrhythmus und die Reimendungen helfen den Kindern als Gedächtnisanker und strukturieren die gehörte Sprache.
Praxisbeispiel: Kleine Spinne – Spinne fein, als Spiellied mit Faden, S. 80

Die *sensomotorische Wahrnehmungsförderung* von Hören in Bewegung ist in Rhythmikangeboten vor allem durch den Einsatz der Fortbewegungsarten gegeben. Die Fortbewegungsarten fördern besonders die auditive Wahrnehmung und das motorische Umschalten von einer Fortbewegungsart in die andere. Die Kombination von taktil-kinästhetischer Förderung mit der auditiven Hörwahrnehmung und -differenzierung ist eine besonders effektive Sprachförderung im Bereich der phonetischen und phonologischen Bewusstheit.
Praxisbeispiel: Sensomotorisches Wahrnehmungsspiel: Der Pferde-Dirigent, S. 102

Rhythmikangebote bieten die Möglichkeit einer komplexen Sprachförderung, die alle Kinder in ihren unterschiedlichen sprachlichen Entwicklungsstadien motorisch, sozial, sprachlich und kognitiv anregt, sich zu betätigen. Jedoch stellen sie für Pädagogen keinen therapeutischen Rahmen dar. Dies kann nur durch eine logopädische Diagnose und Therapie geschehen.

2.4 Die Methoden der Rhythmik und ihre Umsetzung zur Sprachförderung

Die Förderbereiche der Rhythmik sind komplex, wie die tabellarische Übersicht auf den folgenden Seiten verdeutlicht. Ganz unabhängig von dem Förderschwerpunkt eines Rhythmikangebotes ist zu beachten, dass es das Kind nicht über- und nicht unterfordert. Darüber hinaus ist ein anregungsreiches Klima wichtig: Ohne Freude an der Sache können Kinder und im speziellen das jüngere Kind nicht lernen. Nur wenn ein Kind in der Lage ist, Sinneswahrnehmungen aufzunehmen und im wahrsten Sinne des Wortes „sinnvoll" zu verarbeiten, kann es seine Erfahrungen als Grundlage für weitere Schlussfolgerungen und Handlungsformen einsetzen.
Unterstützt wird es dabei in der Rhythmik nicht nur durch die spielerische Umsetzung von Liedern und Reimen, sondern auch durch Phasen des Experimentierens und Improvisierens.
Nachfolgend werden die Methoden der Rhythmik in Beziehung zur Sprachförderung und zur allgemeinen Förderung gesetzt.

Theoretische Grundlagen und Erläuterungen

Rhythmikmethoden	Förderbereich Sprache	Allgemeine Förderung
● *Spiellieder und Spielreime* - als Finger- und Handgestenspiele - mit Körperklanggesten - mit interpretatorischer und harmonischer Instrumentalbegleitung - rhythmische Begleitung des Sprach- und Liedrhythmus' - als Bewegungsform (Kreisspiel, Regelspiel, pantomimisch, charakteristische Bewegungen, als Tanz) - Verklanglichung phänomenologischer Bestandteile - als Partner- und Gruppenspiel	- phonetische und phonologische Bewusstheit durch rhythmisches Sprechen, Syllabierung und Reimendungen fördern Sprachsicherheit und Artikulation - Wortschatz - Prosodie, Grammatik, Syntax (Satzmuster), Semantik (Inhalt) - auditive Differenzierung - Förderung des Zusammenspiels der Hirnhälften und der Motorik der Sprechwerkzeuge in Kombination mit der Feinmotorik der Fingerbewegungen oder in Grobmotorik - phonologisches Gedächtnis durch serielles Denkvermögen (welcher Text, Silben, Rhythmen kommen an welcher Stelle) - sensomotorische Integration (auditiv, taktil-kinästhetisch, visuell)	- musikalische Grundkompetenzen (Rhythmusgefühl, Melodie- und Phrasenerfassung) - Verknüpfung verschiedener Modalitäten wie Singen, Sprechen und Bewegen - sensomotorische Integration (auditiv, visuell, taktil-kinästhetisch) - Fein- und Grobmotorik - Kreativität (z. B. Kinder verändern Reime) - Fantasie - Soziale Kompetenzen (z. B. sich einfügen in das Gruppengeschehen) - Persönlichkeitsentwicklung (z. B. Freude und Erfolgserlebnis der Umsetzung von Musik und Bewegung) - sprachliche Merkfähigkeit und serielles Denkvermögen

Schaubild Rhythmik und Sprachförderung

Rhythmikmethoden	Förderbereich Sprache	Allgemeine Förderung
● *Fortbewegungsarten* - instrumental - sprachlich - rhythmische Begleitung - als Bewegungsform (Kreisspiel, Regelspiel, pantomimisch, charakteristische Bewegungen) - als Partner- und Gruppenspiel	- phonetische und phonologische Bewusstheit durch rhythmisches Sprechen. Syllabierung und Reimendungen fördern Sprachsicherheit und Hördifferenzierung - Wortschatz - Prosodie, Grammatik, Syntax - auditive Differenzierung - Phrasierungen der musikalischen Teile entsprechen Satzphrasierungen der Sprache - sensomotorische Integration	- musikalische Grundkompetenzen - sensomotorische Integration - Raumwahrnehmung - Körperwahrnehmung - Sensiblisierung des Gehörs - Förderung des Bewegungssinnes - sprachliche Merkfähigkeit und serielles Denkvermögen - Soziale Kompetenzen (sich in das Gruppengeschehen eingliedern) - Persönlichkeitsentwicklung (z. B. große Bewegung im Raum gibt Selbstvertrauen)
● *Tänze* - instrumental - als Bewegungsform (Kreisspiel, pantomimisch, charakteristische Bewegungen)	- Phrasierung der musikalischen Teile in Bewegungsformen umsetzen - sensomotorische Integration - phonologisches Gedächtnis in Kombination mit dem seriellen Denkvermögen	- musikalische Grundkompetenzen - sensomotorische Integration - Soziale Kompetenzen (z. B. Gemeinschaftserlebnis, Rücksichtnahme auf die Gruppe) - serielles Denkvermögen

Theoretische Grundlagen und Erläuterungen

Rhythmikmethoden	Förderbereich Sprache	Allgemeine Förderung
● *Wahrnehmungsspiele* - als Partner- und Gruppenspiele - als Bewegungsspiele - als Regelspiele - in Kombination mit Fortbewegungsarten - Fokussierung einzelner Sinneswahrnehmungen - Sensomotorische Umsetzung von Hören und Bewegen, Sehen und Bewegen, Spüren/Tasten und Bewegen	- sensomotorische Integration - auditive und taktile Lokalisierungsfähigkeit - phonologisches Gedächtnis in Kombination mit dem seriellen Denkvermögen	- sensomotorische Integration - soziale Kompetenzen (z. B. abwarten können, sich an Regeln halten, andere nicht ärgern) - Kreativität - auditive Merkfähigkeit und serielles Denkvermögen
● *Rollenspiele* - im Spiellied - im Spielreim - in Bewegungsspielen - Umsetzungsmodalitäten: sprachlich, gesanglich, motorisch und pantomimisch - als Partner- und Gruppenspiel	- Einsätze sprachlicher oder motorischer Art ausführen - Sprach- und Bewegungsfreude - Gedächtnis und serielles Denkvermögen - Symbolspiel fördert das Verknüpfen vorhandener Wörter mit neuen - phonetische und phonologische Bewusstheit durch rhythmisches Sprechen	- soziale Kompetenzen (z. B. abwarten können, anderen helfen, ausreden lassen) - kreativ - serielles Denkvermögen - improvisatorisch - Verknüpfung verschiedener Modalitäten (bewegen, singen, sprechen) - Persönlichkeitsförderung (in eine Rolle schlüpfen, Empathie-

Schaubild Rhythmik und Sprachförderung

Rhythmikmethoden	Förderbereich Sprache	Allgemeine Förderung
	- Syllabierung und Reimendungen fördern Sprachsicherheit, Hördifferenzierung	vermögen entwickeln, Akzeptanz erfahren) - sprachliche Merkfähigkeit - Sprachkompetenz
• *Impulsgespräche und Geschichten* - Geschichten als Rahmenhandlung - Impulsgespräche als Wissensvermittlung	- Wortschatz, Sprachverständnis und Merkfähigkeit erweitern - kommunikative, nachahmende, kreative, und improvisierende Sprechanlässe initiieren - phonetische und phonologische Bewusstheit, Hördifferenzierung und Artikulation - Prosodie, Grammatik, Syntax (Satzmuster), Semantik (Inhalt) - Emotionale Ansprache	- kindgerechte Gesprächsführung (im Bilde bleibend sprechen) fördert kommunikative sprachliche Ebenen in der Gruppe - Konzentration und soziale Kompetenzen (z. B. ausreden lassen, zuhören) - emotionale und empathische Förderung - serielles Denkvermögen
• *Improvisation und Gestaltung von Sprache/Stimme, Bewegung und Instrumentalmusik* - Improvisation/Gestaltung durch Bewegung / Tanz zu Musik, Klängen, Liedern, Geräuschen, Rhythmen - Musikalische/sprach-	- phonetische und phonologische Bewusstheit durch Erfinden von Fantasiesprache - phonologisches Gedächtnis (Was kommt an welcher Stelle?) - Sprachfreude entwickeln - Merkfähigkeit und serielles Denkvermögen	- Kreativität - Fantasie (Wie hört sich Sonne an? Wie hört sich ein Kobold an?) - Synästhetische Wahrnehmungsförderung - auditive Differenzierung und Reflexion (Audiation) - serielles Denkvermögen

Theoretische Grundlagen und Erläuterungen

Rhythmikmethoden	Förderbereich Sprache	Allgemeine Förderung
lich-stimmliche Improvisation oder Gestaltung zu Bewegung/ Tanz, phänomenologischen Vorgängen, Fortbewegungsarten - Interaktionsformen wie Spiele zu zweit	- Vorgegebene Texte sprechen, singen, bewegen - Wortschatz erweitern - Prosodie, Grammatik, Syntax (Satzmuster), Semantik (Inhalt) - auditive Reflexion intuitiven und interpretativen Musizierens (Audiation) - Prosodie durch bewussten Stimmeinsatz (geheimnisvoll/fröhlich, laut – leise) - nonverbale Ausdrucksmöglichkeit beim Instrumentalspiel (besonders geeignet für DaZ-Kinder)	- soziale Kompetenzen (z. B. anderen zuhören, abwarten können) - Persönlichkeitsförderung (z. B. „Meine Idee!", Selbstwirksamkeit und Akzeptanz erleben) - Auge-Hand-Koordination (Musizieren) - Konzentrationsfähigkeit
● *Experimentierphasen mit Materialien* ● *Kreatives Gestalten mit Materialien* - zu Musik / Liedern / Geschichten / Reime mit Materialien - in Interaktionsformen in Kleingruppen, Spiele zu zweit	- fein- und grobmotorische Förderung - sprachliche Kommentierung der entstandenen Gestaltung - Wortfindung fördern - sensomotorische Integration - Auge-Hand-Koordination	- taktil-kinästhetische, visuelle Wahrnehmung - Auge-Hand-Koordination - Kreativität - verbaler Austausch - kognitiver Prozess: Erfahren – Erkennen – Benennen - soziale Kompetenzen (z. B. bei sich bleiben, andere nicht stören,

Schaubild Rhythmik und Sprachförderung

Rhythmikmethoden	Förderbereich Sprache	Allgemeine Förderung
		nichts wegnehmen) - Persönlichkeitsförderung - Konzentratonsfähigkeit
• *Instrumentalspiel* - als Klanggeschichte zur Verklanglichung von Geschichten, Liedern, Reimen - zur rhythmischen Begleitung eines Liedes oder Reimes - zur harmonischen Begleitung eines Liedes - als Partner- und Gruppenspiel	- Nonverbale Kommunikation - Hördifferenzierung - sensomotorische Integration - Auge-Hand-Koordination - nonverbale Ausdrucksmöglichkeit beim Instrumentalspiel (besonders geeignet für DaZ-Kinder) - auditive Reflexion des Musizierens (Audiation) - Merkfähigkeit und serielles Denkvermögen	- Auge-Hand-Koordination - Konzentration - soziale Kompetenzen (abwarten können, zuhören) - differenzierte auditive Klangwahrnehmung - Persönlichkeitsförderung (z. B. Selbstwirksamkeit und Akzeptanz erleben)
• *Ruhephasen* - als Entspannungsphase - als Fantasiegeschichte	- sprachlicher Ausdruck von Sinneseindrücken und Emotionen	- Wahrnehmung von Sinneseindrücken und Emotionen - methodischer Gegenpol zu motorischen Angeboten - soziale Kompetenzen (andere nicht stören)

Theoretische Grundlagen und Erläuterungen

Rhythmikmethoden	Förderbereich Sprache	Allgemeine Förderung
● *Übergänge* - zum Austeilen von Instrumenten und Materialien in Kombination mit sensorischen Spielformen und mit Ruhephasen - kindgerechte und pädagogisch sinnvolle sprachliche Übergänge	- sensorische oder sprachliche Kommunikation - Prosodie, Semantik (Inhalt)	- verbal kommunikativ oder nonverbal durch ein Wahrnehmungsspiel (taktil, auditiv, visuell) umgesetzt - soziale Kompetenzen (z. B. abwarten können)

3. Zur Didaktik und Methodik der Rhythmik

3.1 Der Pädagoge als Begleiter und Vorbild

In der aktuellen Bildungsdiskussion wird die Rolle des Pädagogen unter verschiedenen Gesichtspunkten diskutiert. Kinder unter konstruktivistischen Aspekten („Vom Kinde ausgehend") in ihren Bildungsprozessen zu begleiten, hat sich als ein Maßstab für eine kindgemäße Bildungs- und Kompetenzentwicklung in der frühen Kindheit herauskristallisiert. Die Pädagogen fungieren als Begleiter, als Partner des Kindes und helfen ihm, sein individuelles Potential zu entwickeln. Frühpädagogen müssen hier jedoch oftmals einen Spagat zwischen Anspruch und Wirklichkeit vollziehen, denn bei knappen Personalressourcen bleibt die Arbeit mit dem einzelnen Kind oftmals auf der Strecke. Doch andererseits stellt sich die Frage, ob sich nicht nachahmende und selbstbestimmte Aktivitäten die Waage halten sollten. Wie viel Vorbild und wie viel Lernen in sozialen Bezügen durch Ko-Konstruktion benötigt das Kind?

Die Didaktik der Rhythmik für das jüngere Kind ist in dieser Hinsicht eindeutig: Einerseits soll so viel Freiraum wie möglich gegeben werden, um in von Kindern selbst initiierten Prozessen die Entwicklung von Kreativität, Fantasie, sozialer Kompetenz und Selbstvertrauen zu unterstützen (z. B. in Experimentier- und Improvisationsphasen). Andererseits werden dem jüngeren Kind genügend Aktivitäten zur konkreten Nachahmung angeboten. Um eine förderliche Abfolge von nachahmenden und selbstbestimmten Prozessen zu erreichen, bedürfen Rhythmikprojekte einer Grundkonzeption, eines Entwurfs, der den methodisch-didaktischen Grundlagen der Rhythmik folgt (siehe unten 3.4). Desweiteren sollte die pädagogische Fachkraft in der Lage sein, auf ressourcenorientierte Weise Rhythmikprojekte anzubieten. Das bedeutet, nicht an der jeweiligen Konzeption zu kleben, sondern Spiel- und Förderangebote, die den Kindern besonders viel Spaß bereiten oder bei denen sie Förderbedarf haben, zu wiederholen und mit ihnen neue Ideen zu entwickeln. Dieser Aspekt ist besonders wichtig, wenn Rhythmikprojekte zur Sprachförderung eingesetzt werden. Es geht darum, jedes Kind von seinem momentanen Standpunkt und Können abzuholen, um ihm eine möglichst optimale Kompetenzentwicklung zu ermöglichen.

Theoretische Grundlagen und Erläuterungen

3.2 Kommunikationsformen

Menschen haben ganz unterschiedliche Möglichkeiten, miteinander zu kommunizieren. Die *nonverbale Kommunikation* erfolgt mit Hilfe der Körpersprache, wie Gestik, Mimik, Haltung und Bewegungen, die untrügliche Botschaften sendet. Es ist für Erwachsene sehr schwierig, bewusst körperliche Botschaften zu manipulieren. Für das jüngere Kind ist dies nahezu unmöglich, da es kognitiv noch nicht dazu in der Lage ist, das eigene Handeln bewusst zu reflektieren. Von daher können Pädagogen die körperlichen und emotionalen Befindlichkeiten von Kindern gut erkennen.

Die *verbale Kommunikation* erscheint auf den ersten Blick relativ einfach. Es gibt den Sender einer verbalen Botschaft und den Empfänger. Was sich jedoch hinter diesen sprachlichen Botschaften alles verbergen oder unterschwellig mitgeteilt werden kann, ist von großer Bedeutung. Eine Reflexion der eignen Formulierungsweisen bei Aufforderungen, Hinweisen, Lob etc. ist für einen Pädagogen unerlässlich, um professionell arbeiten zu können. (Da hier weitere Ausführungen den thematischen Rahmen sprengen würden, sei für weiterführende Informationen an dieser Stelle zum Beispiel auf die Kommunikationslehre der Transaktionsanalyse hingewiesen, vgl. Berne, 2007^8.)

Die Kommunikation während der Rhythmikangebote verläuft im permanenten Wechsel von *verbaler und nonverbaler Kommunikation und Interaktion*. Viele Spiel- und Förderangebote wie zum Beispiel sensomotorische Wahrnehmungsspiele, Fortbewegungsarten, Improvisation und Gestaltung auf Instrumenten, sind nonverbaler Natur. Nichtsdestotrotz ist die verbale Kommunikation in Rhythmikangeboten besonders wichtig: Kinder erhalten Informationen, sie hören Geschichten und teilen ihre Eindrücke über das Gehörte mit, sie handeln mit anderen Kindern Spielregeln aus („Du bist das Pferd, ich die Königin ..."). Die Erzieherin ist besonders gefordert, eine kindgerechte und bildhafte Ansprache und Kommunikation mit den Kindern zu initiieren. Die Kinder fühlen sich auf ihrem Entwicklungsstand angenommen und stehen dadurch in der Regel den Angeboten positiv gegenüber. Das Eintauchen in ein Thema ist gerade für Kinder ab dreieinhalb bis ca. acht Jahren von besonderem Reiz. Sie lieben es, in Rollen zu schlüpfen und brauchen nur durch eine klare Formulierung der pädagogischen Fachkraft dazu aufgefordert zu werden.

Zur Didaktik und Methodik der Rhythmik

Praxisbeispiele:
– „Wollen wir heute wieder mit Luca und dem Spatz in den Zoo gehen? Welche Tiere habe wir dort schon kennengelernt?" (bezogen auf das Rhythmikprojekt: Die Wundermurmel)
– Verbaler Übergang nach einem Bewegungsspiel: „Alle Meerestiere sind müde und legen sich zum Ausruhen auf den Meeresboden oder in eine Höhle." (bezogen auf das Rhythmikprojekt: Die Abenteuer der Meerjungfrau Ya-ahla)

Insbesondere bei Rhythmikprojekten zur Sprachförderung ist es wichtig, für die Kinder ein gutes Sprachvorbild zu sein. Angefangen von einer deutlichen Aussprache, einer kindgerechten Ansprache bis hin zur Kultivierung von einfachen Kommunikationsregeln, wie zuhören und den anderen ausreden lassen, sind vielschichtige Kommunikationsprozesse zu beachten.

3.3 Der Einsatz von Materialien und Instrumenten

Die Rhythmikerin Mimi Scheiblauer (1891–1966) konzipierte in den zwanziger Jahren des zwanzigsten Jahrhunderts die „Rhythmik in der Heilpädagogik". Um Menschen mit geistiger und körperlicher Behinderung anregen zu können, entwickelte sie eine Reihe von einfachen *Materialien*, die Eingang in andere Fachbereiche wie zum Beispiel die Psychomotorik erhalten haben. Tücher (damals aus Baumwolle), Rasselbüchsen, Bohnensäckchen, Holzkugeln, um nur einige Materialien zu nennen, lockten die Klientel in die aktive Bewegung. Der Einsatz von Rhythmikmaterialien ist bis heute durchaus noch gebräuchlich, wird jedoch seit vielen Jahrzehnten durch Alltags-, Natur- und Spielgegenstände ergänzt. Von Plastikbechern, zu Bucheckern-Rasseln und Glasmurmeln kann jedes geeignete Material ein Rhythmikangebot bereichern.
Schon Babys haben das Bedürfnis, dem Material durch tasten, schmecken und klopfen das Geheimnis seiner Beschaffenheit zu entlocken. Die Struktur, das Gewicht und die Form von Materialien geben uns wichtige Informationen über die Welt, die uns umgibt. Kinder müssen hier erst ihre Erfahrungen („Erfahren – Erkennen – Benennen") sammeln. Kognitive Strukturen können nur über die Wahrnehmung und die Auseinandersetzung mit der dinglichen und belebten Welt entstehen und der kreative und spielerische Umgang mit Materialien im Rhythmikunterricht ist ein Baustein dazu.

Theoretische Grundlagen und Erläuterungen

Einfache geräuschhafte *Instrumente*, für die Rhythmik in der Heilpädagogik entwickelt, wie Klanghölzchen, einfache Rahmentrommeln und Rasselbüchsen kommen auch heute noch zum Einsatz. Darüber hinaus ist der Einsatz des Orffschen Instrumentariums seit vielen Jahrzehnten ein fester Bestandteil des Rhythmikunterrichts. Im Laufe der letzten zwei Jahrzehnte hat sich das Instrumentarium jedoch erweitert: Neu entwickelte (z. B. Sansula, Sen-plates, Spring-Drum), selbst gebaute (z. B. Rasseln, Trommeln und Fantasieinstrumente) und ethnische Instrumente (z. B. Dschembe, Kaxixi, Chekere/Kalebasse) haben heute ihren selbstverständlichen Einsatz in Rhythmikangeboten.

Die Klang- und Geräuscherfahrung von Instrumenten besitzt den gleichen entwicklungspsychologischen Hintergrund wie das Experimentieren mit Materialien: Die Instrumente geben uns über den Klang Informationen über ihre Konsistenz (Metall, Holz, Plastik), über Größe/Volumen und musikalische Einsatzmöglichkeiten.

3.4 Methodisch-didaktische Polaritäten und ihre situative Balance

Für Rhythmikangebote in der frühen Kindheit ist ein methodisch-didaktisch abwechslungsreiches Spiel- und Förderangebot von grundlegender Bedeutung. Die Konzentrationsfähigkeit auf eine Handlung ist beim jüngeren Kind zeitlich kurz bemessen und außerdem von weiteren Faktoren wie zum Beispiel Uhrzeit Gruppenzusammensetzung, Gruppengröße abhängig.

Polaritäten oder Gegensätzlichkeiten haben den Vorteil, dass die Aufmerksamkeit der Kinder in einem ihnen entgegenkommenden zeitlich kürzeren Methodenwechsel wieder von Neuem gefesselt werden kann.

Polaritäten in der Rhythmik werden auch als das „Rhythmische Prinzip" bezeichnet, das mehrere Bereiche in der Unterrichtskonzeption umfasst. Einem mit dieser Konzeption vertrauten Pädagogen ermöglicht es die Kunst der situativen Balance während eines Angebotes.

Themenwahl

Günstig ist es, wenn schon in der Rahmenhandlung gegensätzliche Gestalten auftreten. Dies vereinfacht die Umsetzung von Polaritäten in den Methoden, Interaktions- und Kommunikationsformen und Aktionsmodalitäten.

Zur Didaktik und Methodik der Rhythmik

Praxisbeispiele:
- Polarität von bösem Zauberer/Kobolden und dem goldenen Hengst/Mädchen Alberta (Projektangebot: Zauberer Zargor und der goldene Hengst)
- Polarität einer entspannten blau angemalten Königin Klecksfallala und einer unbeherrschten rot angemalten Königin Klecksfallala (Projektangebot: Die Kleckskönigin)

Methodenwahl und -folge
Grob- und feinmotorische, ruhige und aktive Phasen, verbale und nonverbale Angebote wechseln sich ab.
Praxisbeispiel:
- Impulsgespräch: Was bisher geschah (ruhige verbale Phase)
  Lied „Meine Freunde, die Delfine" (Grobmotorische verbale Phase)
  Geschichte: Die Abenteuer der Meerjungfrau Ya-ahla (ruhige verbale Phase)
  Wahrnehmungsspiel: In der Tiefe der Schlucht (grobmotorische nonverbale Phase) (Projektangebot „Die Abenteuer der Meerjungfrau Ya–ahla")

Interaktions- und Kommunikationsformen
Gruppenkonstellationen wie Kleingruppe, zu zweit oder die ganze Gruppe agieren in verbalen und nonverbalen Interaktions- und Kommunikationsformen.
Praxisbeispiel:
- Impulsgespräch: Was bisher geschah (Gruppe, verbal)
  Lied „Auf dem Rücken unsrer Pferde" als Rollenspiel (zu zweit/verbal im Lied)
  Geschichte: Zauberer Zargor und der goldene Hengst (Gruppensituation, verbale Kommunikation Erzieherin erzählt, Kinder lauschen)
  Sensomotorisches Wahrnehmungsspiel: Der Pferde-Dirigent (nonverbal, Führen und Folgen – Dirigent und Gruppe) (Projektangebot „Zauberer Zargor und der goldene Hengst")

Aktionsmodalitäten
Aktionsmodalitäten (singen, trommeln) stehen im polaren Spannungsfeld von nachahmenden oder selbst initiierten Handlungsformen im Unterricht.
Beispiele für Polaritäten:
- Improvisation mit Instrumenten oder Stimme/Experimentieren mit Materialien vs. Nachahmen eines Rhythmus, eines Liedes, nachlegen einer Form mit einem Seil, Gestaltung eines Spielliedes oder von Materialien

Theoretische Grundlagen und Erläuterungen

Weiterführende Literatur und Quellen

Berne, Eric (2007[8]): Spiele der Erwachsenen. Psychologie der menschlichen Beziehungen. (Transaktionsanalyse) Reinbek: rororo Sachbuch
Bruhn, Herbert u.a. (2008): Musikpsychologie – Das neue Handbuch. Reinbek: Rowohlt Tb.
Ellersiek, Wilma (2005): Wer schleicht heran mit leiser Tatz? Stuttgart: Verlag Freies Geistesleben
Frohne, Isabell (1981): Das Rhythmische Prinzip. Lilienthal/Bremen: Eres
Hirler, Sabine (2009[2]): Rhythmik – Spielen und Lernen im Kindergarten. Mannheim/Berlin: Cornelsen Verlag Scriptor
Hirler, Sabine (2008): Mit Rhythmik durch die Jahreszeiten. Freiburg: Herder
Hirler, Sabine (2008[2]): Musik und Spiel für Kleinkinder. Mannheim/Berlin: Cornelsen Verlag Scriptor
Hirler, Sabine (2007): Neue Singspiele und Musikprojekte durch das Kindergartenjahr. Freiburg: Herder
Hirler, Sabine (2006[2]): Gefühle leben lernen. Freiburg: Velber im OZ-Verlag
Hirler, Sabine (2003[6]): Wahrnehmungsförderung durch Rhythmik und Musik. Freiburg: Herder
Jourdain, Robert (2001): Das wohltemperierte Gehirn. Heidelberg: Spektrum Verlag
Krimm-von Fischer, Catherine (1998/2002[4]): Rhythmik und Sprachanbahnung, Heidelberg: Winter
Meixner, Friederike u. a. (1994): Sprachheilpädagogische Rhythmik. Wien: Jugend & Volk
Papousek, Mechthild (2001): Vom Schrei zum ersten Wort. Anfänge der Sprachentwicklung in der vorsprachlichen Kommunikation. Bern: Huber
Spitzer, Manfred (2002): Musik im Kopf. Stuttgart: Schattauer
Stadler Elmer, Stefanie (2000): Spiel und Nachahmung. Über die Entwicklung der elementaren musikalischen Aktivitäten. Aarau: HBS Nepomuk
Szagun, Gisela (2006): Sprachentwicklung beim Kind. Weinheim: Beltz
Weinrich, Martina / Zehner, Heidrun (2008): Phonetische und phonologische Störungen bei Kindern – Dyslalietherapie in Bewegung. Berlin: Springer
Winner: Anna (2007): Kleinkinder ergreifen das Wort. Mannheim/Berlin: Cornelsen Verlag Scriptor
Zaiser, Dierk (2005): Musik und Rhythmik in der Sprachförderung. München: DJI
Zollinger, Barbara (2007): Die Entdeckung der Sprache. Bern: Haupt

II. Rhythmikprojekte zur Sprachförderung

Hinweise zur praktischen Umsetzung der Projekte

Die Rhythmikprojekte im Praxisteil dieses Buches sind aus der Praxis für die Praxis entstanden. Kinder lieben es, in spielerischer Weise mit den Spiel- und Förderangeboten der rhythmisch-musikalischen Erziehung zu agieren, besonders wenn sie dabei mit Geschichten, Gestalten und Tieren in spannende und interessante Spielsituationen schlüpfen können. Dass der Fokus in diesem Falle auf der Sprachförderung liegt, ist und wird den Kindern nicht bewusst. Es geht hier nicht um die isolierte Förderung einzelner Kompetenzen, nicht um defizitorientierte Übungsformen. Vielmehr können die Kinder spielerisch eintauchen in einen Prozess, bei dem ganz nebenbei sprachliche, sensorische, soziale und musikalische Kompetenzen gefördert werden.

Aufbau der Rhythmikprojekte zur Sprachförderung

Jedes der fünf hier vorgestellten Projekte besteht aus drei bis maximal sechs Spiel- und Förderangeboten. Diese sind jeweils in einer Art Stundenbild zusammengestellt, den methodisch-didaktischen Grundlagen der Rhythmik folgend (siehe Kap. 3). Für die Durchführung der einzelnen Angebote ist ein zeitlicher Rahmen von 45 bis 60 Minuten zugrunde gelegt. Diese Zeitangaben können jedoch nur Anhaltspunkte sein, da es in der Rhythmik kein Abhaken von Aktionen gibt. Es ist besser, häufigere Wiederholungen einzuschalten und den Kindern die Gelegenheit zum Vertiefen der Inhalte zu geben, als durch die Förderangebote zu „rasen". Prozess- und ressourceorientierte pädagogische Förderung ist für den Lernprozess von Kindern von großer Bedeutung. Sie fühlen sich akzeptiert und angenommen und lassen sich besser auf die Angebote ein (siehe Kap. 3.1).
Einführend sind jedem Rhythmikprojekt Informationen zur Altersstruktur, zu Förderschwerpunkten, didaktische Hinweise und Tipps für die Umsetzung in die Praxis vorangestellt.
Einstimmung und Verabschiedung gehören zu jedem Rhythmikangebot dazu

und sind als integraler Bestandteil (mit Umsetzungsvorschlägen) immer angegeben. Für Kinder ist es wichtig, sich mit einem gleichbleibenden Ritual auf das gemeinsame Spielen und die Verabschiedung vorzubereiten – das Ritual rundet den Bogen eines Rhythmikangebotes ab (siehe Kap. 3.4).

Zum Einsatz von Instrumenten und Materialien

Die Hinweise zu den Instrumenten und Materialien sind Umsetzungsvorschläge. Nicht alle Instrumente werden in Ihrer Einrichtung vorhanden sein. Häufig sind Alternativen aufgeführt, aber Sie können der Fantasie freien Lauf lassen, wenn es um den Einsatz weiterer ergänzender oder alternativer Instrumente geht.
Da einige der aufgeführten Instrumente noch keinen hohen Bekanntheitsgrad haben, werden sie im Folgenden kurz vorgestellt:

Das *Sixflat* kann in musikalischen Spielen vielfältig eingesetzt werden. Als Ersatz für das Glockenspiel besticht es durch seinen warmen Klang und die leichte Spielbarkeit. Das Sixflat ist eine Metallplatte mit sechs Tönen, die pentatonisch (Töne: c, d, e, g, a, c als Oktave) angeordnet sind. Als Alternative können Metallofon-Klangbausteine eingesetzt werden.
Die *Sen-plates* sind Klangplatten, die jeweils an einem Griff befestigt sind. Sie besitzen einen glockenartigen Klang. Durch den Griff an jeder Platte können sie auch in der großen Bewegung eingesetzt werden.
Die *Spring-Drum* oder Donnertrommel ist für die Verklanglichung von geräuschhaften und stimmungsvollen, meist beunruhigenden Situationen prädestiniert (zum Beispiel Gewitter, Sturm oder das Erscheinen von Gespenstern).
Das *Flex-A-Tone* ist ein Klangphänomen, das die Kinder sehr fasziniert. Durch das flexible Herunterdrücken einer Metallzunge ertönt ein Klang, der zum Beispiel an ein lachendes Gespenst erinnert.
Die *Sansula* ist eine Weiterentwicklung der Kalimba oder eines Daumenklaviers. Vor allem die Ausführung Sansula Deluxe ist von hervorragender Klangqualität, leider in der Anschaffung recht teuer.

Die Abenteuer der Meerjungfrau Ya-ahla

Rhythmikprojekte zur Sprachförderung

Die Abenteuer der Meerjungfrau Ya-ahla

Auf den Spuren von märchenhaften Meerjungfrauen und exotischen Meerestieren tauchen die Kinder in diesem Projekt in die faszinierende Erlebniswelt „unter Wasser" ein. Die spannende Geschichte der Meerjungfrau Ya-ahla, die durch einen Sturm aus ihrer heimatlichen Umgebung fortgetrieben wird und zahlreiche Abenteuer bestehen muss, bis sie wieder glücklich nach Hause findet, bildet den Rahmen für das Projekt.
In Liedern, Bewegungs- und Ratespielen, Instrumental- und Stimmimprovisationen sowie im darstellenden Spiel können die Kinder ihre Sprech- und Bewegungsfreude ausleben.

Altersstruktur

Dieses Rhythmikprojekt zur Sprachförderung eignet sich insbesondere für Kinder im Vorschulalter, die auf der Basis eines recht sicheren Wortgebrauchs begierig sind, ihren Wortschatz in speziellen Fachgebieten wie der Tierwelt im Meer zu erweitern. Aber auch in altersgemischten Gruppen (4 bis 8 Jahre) mit sehr unterschiedlichen sprachlichen Voraussetzungen hat sich dieses Angebot bewährt, denn das methodisch breit gefächerte Spiel- und Übungsangebot bietet sinnenreiche und die Sprechfreude anregende Erfahrungen auch für jüngere Kinder oder Schulkinder mit Sprachauffälligkeiten und/oder Wahrnehmungsstörungen.

Didaktische Hinweise

Der Zeitrahmen jedes der fünf Angebote liegt, abhängig von der Gruppensituation und der Zahl der (gewünschten/nötigen) Wiederholungen zwischen 50 und 60 Minuten.
In diesem Projekt steht insbesondere der kreative Umgang mit Sprache im Zentrum: Zum einen lernen die Kinder exotische Meerestiere kennen und benennen, zum anderen werden sie zum spielerischen Umgang mit der Sprache ermutigt (einer der Protagonisten der Geschichte, der Igelfisch, beherrscht zum Beispiel nur die I-Sprache). Aber es geht hier nicht nur um Wortschatzerweiterung und phonologische Bewusstheit: Mindestens ebenso bedeutsam ist die Verknüpfung von verschiedenen Sinnen. So werden die Tiere des Meeres tänze-

Die Abenteuer der Meerjungfrau Ya-ahla

risch und pantomimisch dargestellt, es geht darum, ihnen Klänge zuzuordnen, sie in Bewegung zu erleben oder ihnen taktil-kinästhetisch nachzuspüren. Neben aktiven, bewegten Angeboten bieten Ruhephasen den Kindern immer wieder die Chance, Kraft zu tanken für das erlebnisreiche Spielen und Lernen.

Tipps für die Umsetzung in die Praxis

– Um für Kinder einen interessanten und methodisch sinnvollen Beginn und Abschluss eines Angebotes anzubieten, hat es sich bewährt, Begrüßung und Verabschiedung mit einer Handpuppe oder einem Kuscheltier (in diesem Fall wäre ein Meerestier ebenfalls geeignet) zu gestalten. Dieses Tier führt in das Thema ein und regt die Kinder an, mit ihm sprachlich zu kommunizieren.
– Die in den Angeboten genannten Meerestiere Seestern, Igelfisch, Spiegelei-Qualle, Seedahlie, Clownfisch, Kugelfisch, Pinzettfisch, Riffhummer, Kofferfisch, Rote Krake haben Namen, die auf ihr Aussehen schließen lassen. Da es sich nicht um Fantasietiere handelt, sondern um „echte" Meeresbewohner, kann man sie den Kindern auch mit Hilfe von Fotos vorstellen (Fotos lassen sich ohne viel Aufwand über die Bildersuche einer Suchmaschine im Internet herunterladen und ausdrucken). Der gefährliche Gegenspieler der Meerjungfrau, der Muränendrache, ist, ebenso wie diese selbst eine Fantasiefigur.

Das Rhythmikprojekt auf einen Blick

1. Spiel- und Förderangebot: Im fremden Meer
2. Spiel- und Förderangebot: Die Meerestiere, der Igelfisch und die Rote Krake
3. Spiel- und Förderangebot: Die fremde Meerjungfrau und die Lumba-Lumba
4. Spiel- und Förderangebot: Im Verlies des Muränendrachen
5. Spiel- und Förderangebot: Die Rettung oder Der Zauber des Gesangs

Förderschwerpunkte

– Förderung des Gedächtnisses und des vernetzten Denkens, d. h. kognitiver Fähigkeiten, durch Zuordnung der Klänge zu Tieren und Bewegungen.
– Das phonetische Bewusstsein wird durch zahlreiche Spiele gefördert, die die Muskulatur der Lippen und der Zunge beanspruchen (z. B. Bewegungs- und Stimmimprovisationen: Die Tiere des Meeres, S. 53).
– Sprachliche Kreativität und das Sprachverständnis
– Sprachgedächtnis und serielles Denken

Rhythmikprojekte zur Sprachförderung

- Umsetzung von charakteristischem Aussehen und Bewegungen von Meeresbewohnern in Bewegung
- Soziale Kompetenz durch die Rhythmikmethode „Führen und Folgen" (z. B. Spiellied: Meine Freunde, die Delfine, S. 51f.)
- Die Verknüpfung der Sinne: Durch zahlreiche Spielformen wird taktil erfahren, was vorher visuell und auditiv erfahren wurde (z. B. Taktiles Wahrnehmungsspiel: Welches Meerestier berührt mich?, S. 63).

1. Spiel- und Förderangebot: Im fremden Meer

Material
- Bilderbuch zum Thema Meer und Meerestiere, realistische Abbildungen/Fotos von Meerestieren (z. B. Seesterne, Igelfisch, Spiegelei-Qualle, Korallen, Seedahlie, Clownfisch, Kugelfisch, Pinzettfisch, Riffhummer, Kofferfisch, Rote Krake)

Instrumente
- Chimes (alternativ: Glockenspiel, Sansula/Kalimba), Klangschale, Flöte, Xylophon-Klangbausteine, Rührtrommel, Becken

Zur Einstimmung: Impulsgespräch
Die Kinder sitzen im Kreis. Die Erzieherin fragt: „Wer war schon einmal am Meer?" „Welche Tiere gibt es da?"
Ein Bilderbuch zum Thema Meer und Meerestiere regt die Kinder zu sprachlichen Äußerungen an.

Bewegungs- und Ratespiel: Welches Meerestier siehst du hier?
Die Erzieherin spielt Fortbewegungsarten auf der Flöte, Xylophon oder von Tonträger. Ist die Musik zu Ende, bleiben die Kinder stehen. Daraufhin spielt die Erzieherin auf einem Becken zu einem der Kinder (sie „verschenkt" einen Ton). Animiert durch das vorhergehende Gespräch und die Bilder, spielt dieses Kind pantomimisch ein Meerestier und die anderen raten, benennen das Tier und bewegen sich mit.

Die Abenteuer der Meerjungfrau Ya-ahla

Ruhephase mit Fantasiereise

Die Kinder legen sich auf den Boden und die Erzieherin improvisiert eine „Unterwassermusik" mit Chimes (auch: Glockenspiel oder Sansula/Kalimba). Sie fordert die Kinder auf, sich vorzustellen, sie seien Tiere des Meeres, die sich am Meeresgrund ausruhen und dem Rauschen des Meeres lauschen.
Nach einiger Zeit beendet die Erzieherin die Improvisation und alle setzen sich wieder auf.

Geschichte: Die Abenteuer der Meerjungfrau Ya-ahla (Teil 1)

Im tiefen blauen Meer lebte die Meerjungfrau Ya-ahla. Ya-ahla war sehr neugierig und unternahm Streifzüge in weit entfernte Meeresgegenden. Ihre Schwestern machten sich oftmals große Sorgen, ob sie auch heil wiederkommen würde.
„Warte ab!", meinte Ya-ahlas älteste Schwester, „eines Tages wirst du von dem schrecklichen Muränendrachen gefangen und in sein Verlies gesperrt!" Aber Ya-ahla entgegnete: „Ich will die ganze Wasserwelt kennenlernen. Sie ist so wunderschön! Und hier kann es uns genauso passieren, dass uns ein Hai in die Schwanzflosse beißt!"
Ya-ahla liebte es besonders, sich an den Rückenflossen ihrer Freunde, den Delfinen Piff und Aluine, festzuhalten und sich von ihnen durch das Wasser ziehen zu lassen.

Lied: Meine Freunde, die Delfine

Rhythmikprojekte zur Sprachförderung

– als Spiellied
Die Kinder gehen zu dritt zusammen. Zwei Kinder sind die Delfine Piff und Aluine, das dritte die Meerjungfrau. Das Kind, das die Rolle der Meerjungfrau übernimmt, hält sich mit jeder Hand an einer Flosse (Schulter) der „Delfine" fest und lässt sich von ihnen durch das Meer ziehen. Dabei „schwimmt" das Dreiergespann passend zum Dreiviertel-Takt des Liedes geschmeidig mit Auf- und Abwärtsbewegungen durch das Meer (den Raum).
Mehrmals wiederholen mit Rollentausch.

Geschichte: Die Abenteuer der Meerjungfrau Ya-ahla (Teil 2)
Eines Tages kam Ya-ahla in einen Sturm. Schnell tauchte sie in die Tiefe, denn sie dachte, dass ihr der Sturm tief unten im Meer nicht so viel anhaben könnte. Es war jedoch kein normaler Sturm, sondern ein Orkan, der mit geballter Kraft über das Meer raste.
Er zog das Wasser wie einen riesigen Turm in den Himmel und Ya-ahla wurde von dem Orkan einfach mit in die Höhe gerissen und weit, weit fortgetragen.

Bewegungsspiel: Der Orkan
Die Erzieherin spielt auf der Rührtrommel das Tosen des Orkans. Die Kinder drehen sich dazu im Raum. Wird das Tosen allmählich leiser, legen sich die Kinder auf den Boden und die Erzieherin erzählt die Geschichte weiter.

Geschichte: Die Abenteuer der Meerjungfrau Ya-ahla (Teil 3)
Als Ya-ahla erwachte, fand sie sich am Rand eines riesigen Korallenriffs wieder. Völlig erschöpft schaute sie sich um. Sie entdeckte eine bunte Meereswelt mit Tieren, die ihr vertraut waren, wie Seesterne und Muscheln. Aber dann gab es hier auch merkwürdig geformte Fische und Korallen, die sie in ihrem heimatlichen Meer noch nie gesehen hatte.

Bildbetrachtung: Tiere des Meeres
Die Erzieherin betrachtet mit den Kindern eine Auswahl von Abbildungen/Fotos von Meerestieren. Zum Beispiel: Seesterne, Igelfisch, Spiegelei-Qualle, Korallen, Seedahlie, Clownfisch, Kugelfisch, Pinzettfisch, Riffhummer, Kofferfisch, Rote Krake.

Die Abenteuer der Meerjungfrau Ya-ahla

Bewegungs- und Stimmimprovisation: Die Tiere des Meeres

Die Kinder gestalten pantomimisch unterschiedliche Meerestiere.
Einige Beispiele zur Auswahl:
Seestern: Zwei Kinder legen sich quer übereinander auf den Boden und strecken Arme und Beine als Seesternarme von sich.
Wenn die Erzieherin (oder ein anderes Kind aus der Gruppe) einen Seesternarm antippt, dann spricht der „Seestern": „Zipp–zipp" oder macht ein anderes stimmliches Geräusch.
Igelfisch: Die Kinder machen sich rund (einen Buckel), ziehen den Kopf ein, kreuzen die Arme über der Brust und spreizen die Finger. Sie bewegen sich mit kleinen Tippelschritten durch den Raum. Berührt die Erzieherin einen „Stachel" (gespreizter Finger) eines Igelfisches, so nennt er seinen Namen. Da die Igelfische nur die I-Sprache beherrschen also: „Ich bin in kliner Igilfisch."
Kugelfisch: Die Erzieherin macht zunächst die Bewegungen des Kugelfischs vor, die Kinder ahmen nach:
1. Der Kugelfisch bekommt Angst und bläst sich auf, um seine Feinde zu beeindrucken *(laut und rhythmisch einatmen, gleichzeitig immer „dicker" werden: breitbeinig aufstellen und mit den Armen den Körperumfang vergrößern, dabei im „Meer" umherschwimmen).*
2. Die Gefahr ist gebannt, der Kugelfisch hat keine Angst mehr *(stehen bleiben, laut und rhythmisch ausatmen: „Pfff-pfff-pfff ...", Arme im Atemrhythmus immer enger an den Körper führen, dann anlegen).*
Riffhummer: Die Kinder liegen auf dem Rücken und strecken ihre Arme als Greifzangen nach hinten. Nun schieben sie sich mit Hilfe der Beine auf dem Rücken durch den Raum. Wenn sie etwas mit den Greifzangen spüren (vorab Chiffontücher oder andere Gegenstände aus Schaumstoff im Raum verteilen), rufen sie laut „Kricks-kracks!".
Kofferfisch: Die Kinder gehen zu zweit zusammen. Sie stellen sich gegenüber auf und legen ihrem Partner die gestreckten Arme auf die Schulter. Damit zeichnen sie die eckige Form des Kofferfisches nach. Nun bewegen sie sich gemeinsam im Raum. Als Variante gibt ein Kind Kommandos, wie: „hoch", „tief", „zur Seite".
Pinzettfisch: Die Kinder bilden mit ihrem Mund ein sogenanntes Fischmäulchen, indem sie die Lippen spitzen und die Backen durch Unterdruck schmal machen.
Dann bewegen sie sich mit abgewinkelten Händen (kleine Flossen) durch den Raum. Die Erzieherin lässt kleine Fische oder Würmer (Knabbergebäck in

Rhythmikprojekte zur Sprachförderung

Fischform „Fischlis", Weingummischnüre, Salzstangen) als Futter „schwimmen", die die Pinzettfische durch ihren spitzen Mund ohne zu Hilfenahme der Hände „einsaugen".
Seedahlie: Die Kinder liegen auf dem Rücken, strecken die Arme und Beine nach oben und bewegen diese als Fangarme sanft hin und her.
Rote Krake: Die Kinder gehen zu zweit zusammen und stellen sich hintereinander. Das hintere Kind streckt seine Arme unter den Achseln des vorderen Kindes hindurch. Nun bewegen sie ihre Arme als Krakenarme und gehen wenn möglich mit gleichen rhythmischen Schwimmbewegungen aller acht Arme rückwärts.
Spiegelei-Qualle: Jedes Kind legt sich ein rotes Tuch über den Kopf und steckt sich gelbe Tücher in Halsausschnitt und Hosenbund. Dann bewegen sich die Kinder mit weichen Bewegungen der Arme als Quallen durch den Raum.

Ausklang mit Lied: Meine Freunde, die Delfine (S. 51)

– als Handgestenspiel
Die Kinder sitzen im Kreis. Sie singen das Lied und bewegen ihre Hände als zwei Delfine auf und ab. Dabei bewegt sich der eine „Delfin" mal oben, der andere mal unten und in wechselnden Positionen.

Es folgt ein Abschlussklang mit der Klangschale.

2. Die Meerestiere, der Igelfisch und die Rote Krake

Material
- Abbildungen/Fotos von Meerestieren

Instrumente
- Klanghölzchen, Flex-A-Tone, Raspel, Trommel, Glockenspiel, Metallophon-Klangbausteine und beliebige Instrumente aus der Einrichtung, Klangschale

Einstimmung mit Lied: Meine Freunde, die Delfine (S. 51)

– als Spiellied

Die Abenteuer der Meerjungfrau Ya-ahla

Bewegungsspiel: Der Orkan (S. 52)

Bildbetrachtung: Tiere des Meeres (S. 52)

Die Erzieherin betrachtet erneut mit den Kindern die Auswahl der Abbildungen von Meerestieren – einige erkennen die Kinder bereits wieder und können sie schon selbstständig benennen.

Bewegungs- und Stimmimprovisation: Die Tiere des Meeres (S. 53f.)

Instrumentalimprovisation: Die Tiere des Meeres

Die Kinder suchen sich aus einer Auswahl von Instrumenten für ihre Ohren passende Klänge und Geräusche für die Tiere des Meeres.
Einige Beispiele:
Igelfisch: Die Kinder schlagen zwei Klanghölzchen längs zum Sprechrhythmus: „Ich bin die Igilfisch – ich bin die Igilfisch."
Spiegelei-Qualle: Flex-A-Tone
Seestern: Glockenspiel
Riffhummer: Raspel
Kugelfisch: Trommel, von leise nach laut schlagen oder reiben
Seedahlie: Metallophon

Klanggestaltung: Das Konzert der Tiere im Meer

Ein Kind ist der Klangmeister des Meeres. Es streichelt jedes Kind so lange am Rücken, wie es spielen soll.
Rollenwechsel.

Impulsgespräch: Was bisher geschah

Geschichte: Die Abenteuer der Meerjungfrau Ya-ahla (Teil 4)

„Schade, dass Piff und Aluine nicht bei mir sind", dachte Ya-ahla und fühlte sich ein bisschen alleine in dieser fremden Welt.
Sie setzte sich traurig auf einen Felsen und bekam Sehnsucht nach ihren Schwestern, dem Vater Okeanos und den Delfinen Piff und Aluine. Da kam ein seltsamer Fisch vorbeigeschwommen. Er hatte Glubschaugen und einen kleinen, winzigen Mund. „Am besten frage ich ihn, wie ich den Weg nach Hause finde", dachte sich Ya-ahla. „Hallo du!", rief sie ihm zu. Erschrocken plusterte sich der

Rhythmikprojekte zur Sprachförderung

Fisch zu einer Kugel auf und war plötzlich gespickt mit lauter langen Stacheln. Ya-ahla erschrak ebenfalls und sagte: „Du brauchst vor mir keine Angst zu haben, ich bin Ya-ahla, die Meerjungfrau." Da presste der Fisch das Wasser aus seinem Kugelbauch und legte seine Stacheln wieder an. Neugierig schwamm er näher. „Hilli! Ich bin di Igilfisch", sprach er. „Di misst intschildigin, ibir ini wißi Mirjingfri hibi ich nich nie gisihin."
Ya-ahla erzählte ihm, was ihr passiert war, aber auch der Igelfisch konnte ihr nicht weiterhelfen. „Ich bringi dich zi minir Frindin, dir riti Kriki. Viellicht kinn sie dir witirhilfin."

Tipp: Die wörtliche Rede des Igelfisches wird von den Kindern ins „Deutsche" übersetzt.

Bewegungs- und Ratespiel: Ya-ahla fragt die Tiere des Meeres

Jedes Kind sucht sich ein Instrument aus der Instrumentalimprovisation „Die Tiere des Meeres" (S. 55) aus. Anschließend setzen sich die Kinder im Raum verteilt auf den Boden. Ein Kind spielt Ya-ahla, die mit Auf- und Abbewegungen im Bewegungsduktus der Delfine zu einem Kind schwimmt, das sich zum Beispiel eine Raspel ausgesucht hat. Sie erinnert sich, dass der Riffhummer mit einer Raspel verklanglicht wurde und fragt: „Hallo Riffhummer. Weißt du, wie ich wieder nach Hause komme?" Das angesprochene Kind improvisiert als Antwort auf seinem Instrument. Dieser Ablauf wird nun solange wiederholt, bis Ya-ahla bei jedem Kind („Meerestier") und seinem Instrument war. Mehrmals wiederholen mit Instrumenten- und Rollentausch.

Geschichte: Die Abenteuer der Meerjungfrau Ya-ahla (Teil 5)

Ya-ahla schwamm hinter dem Igelfisch her und nach einer Weile sagte er:„Wirti hier, dimit ich dir Riti Kriki Bischid sigin kinn", und schwamm davon. Ya-ahla erschrak, als die riesige Rote Krake zwischen den Felsen hervorkam „Koino Ongst, och frosso koino Moorjonfrouen!", sprach die Rote Krake. „Guten Tag, Rote Krake!", stammelte Ya-ahla ängstlich. „Kannst du mir helfen? Mein größter Wunsch ist es, wieder zurück nach Hause zu finden." Die Rote Krake überlegte. „Do bost oino Moorjongfrou mot hollon Hooron ond kommst von dor ondoron Soito dor Mooroswoltonschlocht. Do mosst öbor do Mooroswoltonschlocht schwommon." „In welche Richtung muss ich schwimmen, um zur Meereswelten- schlucht zu kommen?", fragte sie ungeduldig.

Die Abenteuer der Meerjungfrau Ya-ahla

„Do schwommst ommer don donklen Folsen noch. Plötzloch störzon do Folsen tof honob ond do mosst dorch do Schlocht schwommon. Doch Vorsocht! Do Morönendrochen bowocht do Schlocht, dor ollo Lobowoson, do or föngt on soin Vorlos sporrt. Och wönsche dor vol Glöck!"

Ya-ahla bedankte sich beim Igelfisch und der Roten Krake für ihre Hilfe und schwamm eilig fort. Ein Schwarm Sardinen umschwirrte sie dabei. Ya-ahla lauschte, was die Sardinen sangen.

Tipp: Die wörtliche Rede des Igelfisches und der Roten Krake wird von den Kindern ins „Deutsche" übersetzt.

Lied: Das Sardinenlied

Nach jeder Strophe beantworten die Kinder die im Lied gestellte Frage: Antwort 1. Strophe: „Der Muränendrache", Antwort 2. Strophe: „In der Meeresweltenschlucht".

– als Spiellied
Ein Kind spielt die Meerjungfrau Ya-ahla. Diese schwimmt in weichen Bewegungen durch das Meer (Raum) und wird von den Sardinen (die anderen Kinder) begleitet. Diese singen das Lied und rufen nach jeder der beiden Strophen die entsprechende Antwort.
Mehrmals wiederholen mit Rollenwechsel.

Rhythmikprojekte zur Sprachförderung

Ausklang mit taktilem Dirigentenspiel: Unterwasser-Musik
Die Kinder sitzen im Kreis und improvisieren gemeinsam auf den Instrumenten (siehe oben: Instrumentalimprovisation) eine Unterwasser-Musik, indem die Erzieherin ihnen über den Rücken streicht. Dies kann sie auch bei zwei Kindern gleichzeitig durchführen. Diese spielen so lange, wie sie die Berührungen spüren.

Es folgt ein Abschlussklang mit der Klangschale.

3. Spiel- und Förderangebot: Die fremde Meerjungfrau und die Lumba-Lumba

Material
- CD mit „Unterwassermusik" (besonders gut geeignet: „Aquarium" aus „Der Karneval der Tiere" von Camille Saint-Saëns)

Instrumente
- Six-flat (oder Metallophon, Glockenspiel), Becken, Klangschale

Einstimmung mit Ratespiel
Die Kinder bewegen sich zur improvisierten „Meeresmusik" (z. B. auf einem Glockenspiel, Six-flat oder Metallophon) als Meerestiere im Raum. Ist die Musik zu Ende, bleiben alle stehen. Daraufhin tippt die Erzieherin ein „Tier" an. Dieses bewegt sich daraufhin in charakteristischer Weise und die anderen Kinder raten, um welches Tier es sich handelt.

Lied: Meine Freunde, die Delfine (S. 51)

– als Spiellied

Bewegungs- und Ratespiel: Ya-ahla fragt die Tiere des Meeres (S. 56)

Impulsgespräch: Was bisher geschah

Die Abenteuer der Meerjungfrau Ya-ahla

Lied: Das Sardinenlied (S. 57)

– als Spiellied

Geschichte: Die Abenteuer der Meerjungfrau Ya-ahla (Teil 6)

Ya-ahla schwamm den dunklen Felsen nach, die zur Meeresweltenschlucht führten.
Als sie sich erschöpft auf einem Felsen ausruhte, hörte sie von Weitem Gesang.
„Das hört sich nach einer Meerjungfrau an!", dachte sie erstaunt. Sie schwamm den Klängen nach und erblickte eine Meerjungfrau mit dunklen Haaren und einer blau-violetten Flosse. Sie war viel kleiner als Ya-ahla und sah wunderschön aus.
Als die kleine dunkelhaarige Meerjungfrau zu Ende gesungen hatte, traute sich Ya-ahla, näher zu schwimmen und sang dabei ihr Lieblingslied:

Lied: Meine Freunde, die Delfine

1. Meine Freunde, die Delfine, heißen Piff und Aluine.
Schwimm mit ihnen weit umher, durch das weite blaue Meer.

2. Ein Orkan trieb mich hierher in dieses ferne, fremde Meer.
Kenne mich hier gar nicht aus, sehne mich so sehr nach Haus.

Die kleine dunkelhaarige Meerjungfrau starrte sie verwundert an. Da ergriff Ya-ahla das Wort: „Hallo kleine Meerjungfrau. Ich heiße Ya-ahla und komme von der anderen Seite der Meeresweltenschlucht."
„Selamat siang", antwortete die dunkelhaarige Meerjungfrau. „Ich heiße Muijzat La-ut (die Vokale werden einzeln betont gesprochen: Mu-ij-zat La-ut), das heißt in meiner Sprache ‚Wunder des Meeres'."*
*Ya-ahla setzte sich zu Muijzat La-ut und erzählte ihr von ihrem Abenteuer und von der Roten Krake und ihrem Rat, wie sie nach Haus gelangen könnte. „Die Rote Krake hat Recht", sagte Muijzat La-ut, „aber du musst unendlich weit schwimmen. Das schaffst du nicht allein. Du brauchst Hilfe. Ich rufe meine Freunde, die Lumba-Lumba**." Da pfiff Muijzat La-ut und nach kurzer Zeit kamen zwei Delfine herbei. Muijzat La-ut unterhielt sich mit den Delfinen durch Pfeifen (wenn möglich etwas pfeifend improvisieren, die Kinder versuchen auch zu pfeifen) und sang dann auf die Melodie von Ya-ahlas Lied.*

Rhythmikprojekte zur Sprachförderung

Melodie: Meine Freunde, die Delfine
3. Ja, die schlauen Lumba-Lumba helfen gerne – sind für dich da!
Sie begleiten dich durchs Meer, denn das ist allein zu schwer!

Ya-ahla hielt sich an den Rückenflossen der Lumba-Lumba fest und sie schwammen los. „Vielen Dank kleine Muijzat La-ut für deine Hilfe. Ich werde dich nie vergessen!"
Ya-ahla schloss die Augen und genoss es, das Wasser an ihrem Körper vorbeifließen zu spüren.
*indonesisch: Guten Tag; **indonesisch: Delfin

Lied: Meine Freunde, die Delfine, 3. Strophe als Spiellied
Die Kinder gehen zu dritt zusammen. Zwei Kinder sind die beiden Lumba-Lumba, das dritte die Meerjungfrau. Die Meerjungfrau hält sich mit jeder Hand an einer Flosse (Schulter) der Delfine fest und lässt sich von ihnen durch das Meer ziehen. Dabei „schwimmt" das Dreiergespann passend zum Dreiviertel-Takt des Liedes geschmeidig mit Auf- und Abwärtsbewegungen durch die „Wellen".
Mehrmals wiederholen mit Rollentausch.

Ruhephase: Im Wasser
Die Kinder legen sich auf den Boden und schließen die Augen. Eine passende „Unterwassermusik" von CD laufen lassen (z. B. „Aquarium" aus „Der Karneval der Tiere" von Camille Saint-Saëns). Die Erzieherin nimmt nun ein Becken oder Klangschale in jede Hand und berührt damit jedes liegende Kind, indem sie mit den Instrumenten parallel an den Körperseiten des Kindes entlangfährt (Wasser, das am Körper entlangfließt). Mehrmals bei jedem Kind wiederholen.

Ausklang mit Geschichte:
Die Abenteuer der Meerjungfrau Ya-ahla (Teil 7)
Viele Tage schwammen die Lumba-Lumba mit Ya-ahla durch das Meer. Da wurden die Lumba-Lumba eines Morgens unruhig und pfiffen aufgeregt. Ya-ahla erkannte die Meeresweltenschlucht. Riesige Gesteinsbrocken lagen an den Abhängen einer tiefen Schlucht. Den Meeresgrund in der Schlucht konnte Ya-ahla nicht erkennen, so tief war sie.

Die Abenteuer der Meerjungfrau Ya-ahla

„Ich danke euch!", sprach Ya-ahla zu den Lumba-Lumba, „ohne euch hätte ich es nie geschafft, nach Hause zu kommen." Ya-ahla tätschtelte die zwei Lumba-Lumba, diese pfiffen ihr zum Abschied ein kleines Liedchen und schwammen davon.

Es folgt ein Abschlussklang mit der Klangschale.

4. Im Verlies des Muränendrachen

Material
- CD „Unterwassermusik" (z. B. „Aquarium" aus „Der Karneval der Tiere" von Camille Saint-Saëns), Schlägel, Tücher

Instrumente
- Klanghölzchen, Flex-A-Tone, Raspel, Trommel, Glockenspiel, Metallophon-Klangbausteine/Six-Flat und beliebige Instrumente aus der Einrichtung, Becken, Klangschale

Einstimmung mit Lied: Meine Freunde, die Delfine (S. 51)

– als Spiellied

Instrumental- und Bewegungsimprovisation: Die Tiere des Meeres als Partnerspiel

Die Kinder gehen zu zweit zusammen und beraten gemeinsam, welches Meerestier sie darstellen wollen. Nun suchen sie sich das ihrer Meinung nach passende Instrument aus. Dabei ist das eine Kind ein Instrumentalist und das andere bewegt sich pantomimisch dazu im Raum. Die anderen Kinder raten, welches der Tiere dargestellt wird.

Impulsgespräch: Was bisher geschah

Lied: Meine Freunde, die Delfine, 3. Strophe als Spiellied (S. 60)

Rhythmikprojekte zur Sprachförderung

Geschichte: Die Abenteuer der Meerjungfrau Ya-ahla (Teil 8)
Ganz allein saß Ya-ahla am Rande der Schlucht. Sie überlegte, wie sie unbemerkt vom Muränendrachen durch die Meeresweltenschlucht kommen könnte. Vorsichtig schwamm sie am Rand der Schlucht in die Tiefe. Es wurde immer dunkler und dunkler. Als Ya-ahla fast nichts mehr sah, hatte sie den Grund der Meeresweltenschlucht immer noch nicht erreicht. Da hörte sie plötzlich Weinen und Klagen. Sie schwamm den Geräuschen nach und kam zu einer Tür aus einem Schiffswrack, die mit Algen überwuchert war. Durch einen Schlitz konnte Ya-ahla sehen, was sich hinter der Tür befand.
Sie sah ein Verlies, in dem viele traurige Meerestiere umherschwammen. Am Boden des Verlieses lagen die Gräten verstorbener Fische. „Wie schrecklich!", rief sie entsetzt. „Ich muss ihnen helfen und sie befreien!"

Wahrnehmungsspiel: In der Tiefe der Schlucht
Die Kinder gehen zu zweit zusammen. Ein Kind schließt die Augen und hält sich an der Hand oder der Schulter des Partners fest und lässt sich durch die „Tiefen des Meeres" führen. Die Erzieherin improvisiert dazu auf einem Metallophon (oder Sixflat) oder lässt eine passende Musik von CD laufen. Rollenwechsel.

Geschichte: Die Abenteuer der Meerjungfrau Ya-ahla (Teil 9)
„Grrrr!", hörte Ya-ahla plötzlich hinter sich, „hast du gedacht, du entkommst mir?" Ya-ahla drehte sich um und blickte in das riesige aufgesperrte Maul des Muränendrachen.
„Hinein mit dir!", krächzte dieser und wie von Zauberhand öffnete sich die Tür zum Verlies und der Muränendrache schubste Ya-ahla unsanft hinein. „Ha-ha!", lachte er hämisch. „Eine Meerjungfrau ist mir schon seit ewigen Zeiten nicht mehr in die Fänge gekommen!" Krachend schloss sich die Tür zum Verlies und der Muränendrache schwamm davon.
Die gefangenen Meerestiere schauten Ya-ahla erstaunt mit großen Glubschaugen an. „Hallo ...", begann Ya-ahla schüchtern zu sprechen. „Ich heiße Ya-ahla." Langsam kamen einige Fische näher. Ein Pinzettfisch flüsterte: „Du urmu Muurjungfru musst bus zu duinum Lubunsundu um Vurlus dus Murünundruchun durben." „Ich finde schon einen Weg hinaus", entgegnete ihm Ya-ahla voller Hoffnung.

Die Abenteuer der Meerjungfrau Ya-ahla

Bewegungsspiel: Der Muränendrache

Ein Kind ist der Muränendrache, alle anderen Kinder spielen die Meerjungfrau Ya-ahla. Die Erzieherin improvisiert „Meeresmusik" (auf Metallophon oder Sixflat) oder lässt Musik von CD laufen (z. B. „Aquarium" von Camille Saint-Saëns). Die Meeresjungfrauen schwimmen im Meer umher (Raum) und der Muränendrache versteckt sich unter einem Tisch oder in einer Ecke. Schlägt die Erzieherin einmal kräftig auf einem Becken, so kommt der Muränendrache aus seinem Versteck und fängt sich eine Meerjungfrau. Nun ist diese der Muränendrache und der letzte Muränendrache darf auf Zunicken der Erzieherin beim nächsten Durchgang den Klang auf dem Becken schlagen.
Wiederholen, bis alle Kinder an der Reihe waren.

Ausklang mit taktilem Wahrnehmungsspiel: Welches Meerestier berührt mich?

Die Kinder liegen am Boden und die Erzieherin berührt die Kinder auf charakteristische Weise. Die Kinder raten, welches Meerestier es sein soll.
Vorschläge:
Igelfisch: Mit dem Schlägel leicht stupfen.
Spiegelei-Qualle: Mit Tüchern über die Kinder streifen.
Seestern: Mit beiden Händen langsam über den Rücken krabbeln.
Pinzettfisch: Mit der Hand ein „Schnäuzchen" bilden, das das Kind mehrmals berührt.
Riffhummer: Mit beiden Händen als Hummerzangen das Kind mehrmals an Armen und Beinen fassen und loslassen.
Kugelfisch: Hand berührt mit den Fingerspitzen den Rücken und führt immer größer werdende pulsierende Bewegungen durch.
Rote Krake: Mit den Handflächen Schlängelbewegungen über den Körper des Kindes machen.
Seedahlie: Mit den Fingern Schlängelbewegungen über den Körper des Kindes machen.
Kofferfisch: Mit einem Finger ein Rechteck auf den Rücken des Kindes malen.

Es folgt ein Abschlussklang mit der Klangschale.

5. Spiel- und Förderangebot: Die Rettung oder Der Zauber des Gesangs

Material
- Seile (oder große Schaumstoffwürfel) für das Verlies, Tücher, Schlägel, Verkleidungsmaterial, Schmuckbänder zum Verkleiden, Walzer zum Ausklang (z. B. der Blumenwalzer aus „Der Nussknacker" von Peter Tschaikowski)

Instrumente
- Becken, Klangschale

Einstimmung mit Lied: Meine Freunde, die Delfine, alle drei Strophen (S. 51 u. 59f.)

– *als Spiellied*

Wahrnehmungsspiel: In der Tiefe der Schlucht (S. 62)

Impulsgespräch: Was bisher geschah

Bewegungsspiel: Der Muränendrache (S. 63)

Taktiles Wahrnehmungsspiel: Welches Meerestier berührt mich? (S. 63)

– *als Partnerspiel*
Die Erzieherin legt in der Raummitte entsprechende Materialien für das taktile Wahrnehmungsspiel bereit (Tücher, Schlägel). Die Kinder gehen nun zu zweit zusammen und ein Kind legt sich auf den Boden. Wenn möglich schließt es die Augen. Das andere Kind berührt nun das am Boden liegende Kind auf unterschiedliche Weise (siehe S. 63) und das andere Kind rät, welches Meerestier es gerade spürt. Die Erzieherin unterstützt die berührenden Kinder mit Ideen. Rollenwechsel.

Die Abenteuer der Meerjungfrau Ya-ahla

Geschichte: Die Abenteuer der Meerjungfrau Ya-ahla (Teil 10)

„Warum ist denn der Muränendrache so gemein zu allen Lebewesen im Meer?", fragte Ya-ahla einen Clownfisch.
„Seine Mutter ist eine Muräne und sein Vater ein echter Feuer speiender Drache", begann der Clownfisch zu erzählen. „Aber der Muränendrache wurde als kleiner Fisch von den anderen Fischen fürchterlich geärgert, weil er anders aussah als sie." „Das war sehr gemein von den anderen Fischen!", entrüstete sich Ya-ahla. Dann begann sie nach einer Fluchtmöglichkeit zu suchen. Sie drehte jeden Stein im Verlies um, aber sie fand nichts. Enttäuscht setzte sie sich auf einen Felsen und sang ihr Lieblingslied:

Lied: Meine Freunde, die Delfine

1. Meine Freunde, die Delfine, heißen Piff und Aluine.
Schwamm mit ihnen weit umher, durch das weite blaue Meer.

2. Ein Orkan trieb mich hierher, in dieses ferne, fremde Meer.
Kenne mich hier gar nicht aus, sehne mich so sehr nach Haus.

Als die anderen Fische Ya-ahlas Gesang hörten, schwammen sie eilig herbei und vergaßen für einen Moment ihre Traurigkeit. „Sing weiter!", riefen sie begeistert und Ya-ahla sang und sang.
Plötzlich rief ein Clownfisch: „Schaut nur, die Tür bewegt sich!", und alle schwammen zum Eingang und sahen, dass sich die Tür wie von Zauberhand öffnete. „Das kommt bestimmt von deinem Gesang!", rief ein Kugelfisch. Die anderen stimmten ihm zu und feuerten Ya-ahla an: „Sing weiter!"
Ya-ahla sang weiter, bis sich die Tür ganz geöffnet hatte. Alle Fische schwammen rasch heraus und Ya-ahla schwamm noch ein letztes Mal durch das Verlies, um nachzuschauen, ob auch jedes Fischchen den Weg nach draußen gefunden hatte. Doch da schoss plötzlich der Muränendrache in das Verlies hinein. „Du nichtsnutzige Meerjungfrau! Du entkommst mir nicht!", knurrte er und jagte hinter Ya-ahla her, um sie zu fangen.
Fast hatte er sie erwischt, da ertönte eine gewaltige Stimme: „Wage es nicht, meiner Tochter Ya-ahla etwas anzutun, sonst hat dein letztes Stündlein geschlagen!" Erleichtert sah Ya-ahla, dass ihr Vater Okeanos vor dem Verlies erschienen war – begleitet von zwei Delfinen. „Hallo Vater, ich grüße euch Piff und Aluine!", rief sie glücklich. „Komm heraus, liebe Tochter", sprach Okeanos und Ya-ahla umarmte voller Freude ihren Vater und ihre Freunde Piff und Aluine.

Rhythmikprojekte zur Sprachförderung

„Komm auch du heraus du schreckliches Meeresungeheuer", sprach Okeanos zum Muränendrachen, der sich ängstlich hinter der Tür des Verlieses versteckt hatte. „Versprich mir, dass du niemandem mehr Leid zufügst oder du wirst in den Trümmern deines Verlieses sterben!"
Der Muränendrache schaute vorsichtig hinter der Tür hervor und fing plötzlich bitterlich an zu weinen. „Ja-a-ah! Ich will fortan mit allen anderen Meerestieren in Frieden leben. Ich verspreche es!" „Wir glauben dir", sprach Okeanos und der Muränendrache schwamm aus dem Verlies. Kaum war er draußen, berührte Okeanos die Felsen mit seinem Dreizack und das Verlies stürzte in sich zusammen.
Als Ya-ahla wieder glücklich zu Hause war, erzählte sie allen Schwestern und Freunden, welche Abenteuer sie auf der anderen Seite der Meeresweltenschlucht erlebt und welche Freunde sie gefunden hatte. Und wenn Ya-ahla und ihre Freunde nicht gestorben sind, dann leben sie noch heute.

Darstellendes Spiel: Die Rettung oder Der Zauber des Gesangs
In einer Raumecke wird mit Seilen oder Schaumstoffbausteinen das Verlies gebaut. Anschließend werden die Rollen verteilt. Ein Kind ist der Muränendrache, eines die Meerjungfrau Ya-ahla, zwei Kinder die Delfine Piff und Aluine, ein Kind Okeanos und die anderen Kinder sind die Meerestiere im Verlies. Die Kinder können sich nach Belieben mit Tüchern, Bändern und Kleidungsstücken entsprechend ihrer Rolle verkleiden.
Alle gehen auf ihre Plätze. Nun wird der letzte Teil der Geschichte mit einfachen Dialogen nachgespielt.

Ausklang mit Meerwalzer
Die Erzieherin lässt einen Walzer von CD spielen (zum Beispiel den Blumenwalzer aus „Der Nussknacker" von Peter Tschaikowski) und die Kinder bewegen sich im Takt der Musik dazu.

Es folgt ein Abschlussklang mit der Klangschale.

Die Wundermurmel

Rhythmikprojekte zur Sprachförderung

Die Wundermurmel

Kinder lieben Tiere und die exotischen Zootiere beobachten sie mit Begeisterung. Dieses Rhythmikprojekt knüpft an diese Vorliebe an und spinnt den Faden noch ein wenig weiter: Wie wäre es, wenn man mit den Tieren sprechen könnte? Was hätten sie uns wohl zu erzählen?
Der Junge Luca findet im Zoo einen weißen Stein, der eine geheimnisvolle Murmel enthält. Luca merkt, dass er sich mit den Tieren unterhalten kann, wenn er den Stein bei sich trägt. Er freundet sich mit einem kleinen Spatz an, der ihn fortan bei seinen Ausflügen in den Zoo begleitet. Sie erleben interessante Geschichten mit den Tieren im Zoo, mit Schildkröten, Affen und Krokodilen, und sie können sogar einem Tiger helfen, der große Angst vor einer Spinne hat. Eine Vielzahl von Spielliedern, Sprach- und Bewegungsspielen bietet vielfältige Sprechanlässe.

Altersstruktur

Dieses Rhythmikprojekt zur Sprachförderung ist für Kindergartenkinder ab knapp vier bis ca. acht Jahren geeignet. Wiederholungen, einfachere aber auch schon komplexere Lieder in Kombination mit multisensorischen Spiel- und Bewegungsangeboten machen dieses Projekt besonders für Vorschulkinder mit Sprachauffälligkeiten und Wahrnehmungsstörungen interessant.

Didaktische Hinweise

In den sechs Spiel- und Förderangeboten werden insgesamt sechs Tiere durch Lieder, Reime und rhythmisch-musikalische Spiele vorgestellt.
Der kleine Spatz regt durch seine lustige Spatzensprache die Sprechfreude der Kinder während des Projektes sehr an. Luca zeigt dem Spatz die Tiere im Zoo und der Spatz spricht in einfachen Reimen, wie: „Tirili – tirila, welch große Katze seh ich da!" Beim Erzählen der Geschichte entwickeln die Kinder besonders viel Sprachfreude, wenn die Erzieherin die Sätze von Tschippi, dem Spatz, in einer etwas höheren Tonlage und rhythmisierend spricht. Die Kinder wiederholen jeweils die „Tschippi-Sätze". Dadurch ahmen sie die rhythmisierte Sprache nach, was für die Sprachentwicklung (Syllabierung) von Bedeutung ist (siehe S. 29f.).

Die Wundermurmel

Tipps für die Umsetzung in die Praxis
- Die Kinder fühlen sich besonders schnell von der Geschichte von Luca angesprochen, wenn die Erzieherin in eine kleine Edelsteindruse oder Nussgeode (ca. 6 cm) eine kleine Murmel legt. Diese, schön verpackt oder in einem Glitzerbeutelchen, fasziniert die Kinder besonders. Intensive taktile Eindrücke erfahren die Kinder, wenn sie die Kristallspitzen in der Druse oder Geode in Kombination mit der Murmel betasten und die Hälften der Nussgeode aufeinanderlegen. Die Wundermurmel liegt immer vor der Erzieherin, wenn sie die Geschichte erzählt.
- Für jedes Kind wird außerdem noch eine Murmel für das Lied und weitere Wahrnehmungsspiele benötigt. Die Murmel sollte größer als 3 cm sein, damit sie gut in der Hand liegt.
- Bei der Einstimmung mit Lied und Bewegungsspiel: Die Tiere im Zoo, die jeweils eine Projektstunde eröffnet und bei der sich die Kinder gemeinsam überlegen, welche Tiere bisher von Luca besucht worden sind und welche Lieder und Reime sie dazu kennen, sollten nur die Lieblingslieder und Reime der Kinder gespielt werden, da das Spielen aller Lieder zu umfangreich werden würde.
- Dieses Projekt kann mit eigenen Tierliedern und entsprechenden Spielideen ergänzt werden.
- Das Projekt kann gekürzt werden, indem einzelne Angebote (Tiere) weggelassen werden.
- Einzelne Tiere, ihre Lieder und die dazugehörigen Spielformen können situationsorientiert vorgestellt und ohne Verbindung mit der Geschichte umgesetzt werden.

Das Projekt auf einen Blick
1. Spiel- und Förderangebot: Luca, die Wundermurmel und die Schildkröten im Zoo
2. Spiel- und Förderangebot: Luca und der Spatz im Zoo
3. Spiel- und Förderangebot: Luca im Zoo – die Affen!
4. Spiel- und Förderangebot: Luca im Zoo – die Krokodile
5. Spiel- und Förderangebot: Luca im Zoo – der Tiger und die Spinne
6. Spiel- und Förderangebot: Luca und seine Freunde im Zoo

Rhythmikprojekte zur Sprachförderung

Förderschwerpunkte
- Auge-Hand-Koordination, Konzentration und Hörwahrnehmung: Verschiedene Spielformen zum Lied: Die Wundermurmel (S. 76).
- Zuordnung der Klänge zu Tieren und Bewegungen.
- Gedächtnis, serielles Denken und Sprachfreude: Einstimmung mit Lied und Bewegungsspiel: Die Tiere im Zoo (S. 71f.).
- Vergrößerung des Wortschatzes und des Sprachverständnisses durch das Sprechen über die Tiere. Kinder geben ihr Wissen weiter und andere nehmen es auf.
- Phonetisches Bewusstsein: Spiele, die die Muskulatur der Lippen und der Zunge beanspruchen (Variante: Spatzenkunststücke S. 80).
- Phonologisches Bewusstsein: Rhythmisiertes Sprechen von Reimen und Einübung der „Spatzensprache".
- Umsetzung von charakteristischem Aussehen und Bewegungen der Tiere in Bewegung.
- Soziale Kompetenz: Zahlreiche Spiellieder, die als Partnerspiel durchgeführt werden (Lied: Die Schildkröte, als Partnerspiel, S. 75 u. a.).

1. Luca, die Wundermurmel und die Schildkröten im Zoo

Material
- Bilderbuch zum Thema Zoo, Sitzmatten, Glasmurmeln, Körbchen für die Murmeln

Instrumente
- Klanghölzchen, Rührtrommel (oder Windspiel, Shanti), Klangbausteine (oder Flöte, Klavier, Sen-plates), Klangschale

Zur Einstimmung: Impulsgespräch
Die Kinder sitzen im Kreis. Die Erzieherin fragt: „Wer war schon einmal im Zoo?" „Welche Tiere hast du da gesehen?"
Ein Bilderbuch über Tiere oder einen Zoo regt die Kinder zu sprachlichen Äußerungen an.

Die Wundermurmel

Lied: Die Tiere im Zoo

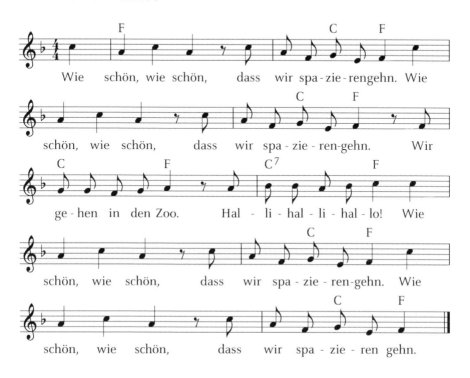

– als Bewegungsspiel
Die Kinder gehen während des ganzen Liedes durch den Raum spazieren.

II: Wie schön – wie schön, dass wir spazierengehen. :II

Im Grundschlag klatschen.

Wir gehen in den Zoo.
Halli-halli-hallo!

Mit beiden Händen winken.

II: Wie schön – wie schön, dass wir spazierengehn. :II

Rhythmikprojekte zur Sprachförderung

Ist das Lied zu Ende, einigen sich die Kinder darauf, welches Tier sie gemeinsam pantomimisch darstellen wollen und sie spielen z. B. Tiger. Nach einer Weile stimmt die Erzieherin das Lied an, die Kinder beenden die Pantomime, singen und bewegen sich zum Lied mit. Danach suchen sie sich das nächste Tier aus, das sie gerne darstellen wollen, usw. Mehrmals wiederholen.
Beim letzten Mal den Text leicht verändert singen:

II: Wie schön – wie schön, dass wir spazieren war'n. :II	*Im Grundschlag klatschen.*
Jetzt sind wir hier im Zoo. Halli-halli-hallo!	*Mit beiden Händen winken.*
II: Wie schön – wie schön, dass wir spazieren war'n. :II	*Im Grundschlag klatschen.*

Anschließend setzen sich alle in den Sitzkreis.

Die Geschichte von der Wundermurmel (Teil 1)

Kennst du Luca – den Jungen mit den braunen, lockigen Haaren und den großen Augen – nein? Dann will ich dir von ihm erzählen.
Luca lebt mit seinen Eltern und seinem Großvater in einer Stadt. Die Stadt ist grau und langweilig, bis auf den Lieblingsplatz von Luca – und das ist der Zoo. Luca geht oft mit seinem Großvater in den Zoo, weil er so gerne die Tiere beobachtet. Luca sieht die Tiger meistens faul herumliegen, die Affen kreischen laut, die Pinguine schwimmen pfeilschnell durch das Wasser und die Schildkröten kriechen gemächlich umher.
Eines Tages, als Luca wieder einmal mit seinem Großvater im Zoo war, fiel sein Blick auf einen sonderbaren weißen Stein, der einfach auf einem Mäuerchen bei den Hängebauchschweinen lag. Luca steckte ihn in seine Hosentasche und rannte eilig dem Großvater hinterher, der sich schon auf den Weg zum nächsten Tiergehege gemacht hatte. Dort sahen sie eine Schildkrötenfamilie.

Die Wundermurmel

Lied: Die Schildkröte

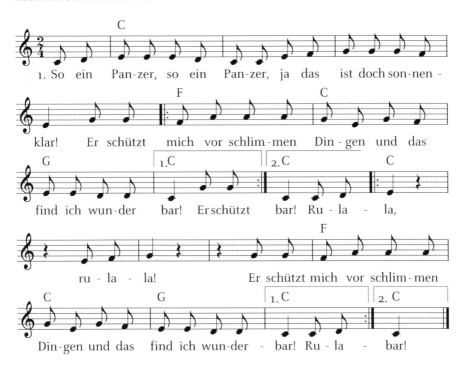

– *als Spiellied*
Die Kinder bewegen sich langsam, Schritt für Schritt, durch den Raum und führen folgende Bewegungen durch:

1. So ein Panzer, so ein Panzer,
ja, das ist doch sonnenklar!

Sich selbst über den Bauch und Rücken streichen.

Er schützt mich vor schlimmen Dingen
und das find ich wunderbar!

Sich selbst umarmen.

Refrain:
II: Rulala, rulala! und das find ich
wunderbar! :II

Bei den zwei Pausen nach „Rulala, rulala!" zweimal mit den Handknöcheln auf den „Panzer" klopfen.

Rhythmikprojekte zur Sprachförderung

2. So ein Panzer, so ein Panzer,
ja, der ist so wunderschön!

Sich selbst über den Bauch und Rücken streicheln.

Leider ist es sehr beschwerlich,
mal mit ihm spaziern zu gehn!

Die Schildkröte versucht von der Stelle zu kriechen.

Refrain:
II: Rulala, rulala! und das find ich wunderbar! :II

Bei den zwei Pausen nach „Rulala, rulala!" zweimal mit den Handknöcheln auf den „Panzer" klopfen.

Leider ist es sehr beschwerlich,
mal mit ihm spaziern zu gehn!

Die Schildkröte versucht von der Stelle zu kriechen.

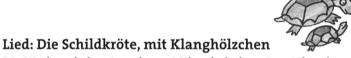

Lied: Die Schildkröte, mit Klanghölzchen

Die Kinder erhalten jeweils zwei Klanghölzchen. Damit berühren sie sich wie oben beschrieben und schlagen darauf zweimal in den Pausen nach „Rulala!".
Variante
Bei den beiden Pausen nach „Rulala!" suchen sich die Kinder eine andere Schildkröte und sie schlagen gegenseitig zweimal auf die Klanghölzchen.

Geschichte: Die Wundermurmel (Teil 2)

*Die kleinen Schildkröten krochen mit ihrer Mutter zum Teich. „Auf, auf – Beeilung! Nicht so lahm, meine Kleinen", hörte Luca plötzlich eine Stimme. „Hast du was gesagt, Großvater?", fragte Luca. „Ich?", meinte dieser und runzelte nachdenklich die Stirn über diese seltsame Frage. „Nein, ich habe nichts gesprochen."
Luca zuckte mit den Schultern und beobachtete weiter die Schildkröten, die mit ihren Schaufelbeinchen im Wasser umherschwammen. „Mama, Mama – nicht so schnell!", hörte er nun wieder. Verstohlen schaute er seinen Großvater an, aber der machte ein Gesicht, so wie immer. „Ja, ja, mein Kleines", hörte Luca wieder, „Ich weiß, wir Schildkröten sind nicht die Schnellsten. Dafür kann uns keiner was anhaben. Mit unserem Schildkrötenpanzer sind wir vor allen bösen Tieren geschützt."
Luca dämmerte es plötzlich – er konnte die Sprache der Tiere verstehen!*

Die Wundermurmel

Lied: Die Schildkröte, als Partnerspiel

Die Kinder gehen zu zweit zusammen. Ein Kind spielt den Panzer und legt von hinten seine Arme um den Bauch der „Schildkröte". Sie gehen gemeinsam durch den Raum und bei den beiden Pausen nach „Rulala" klopft die Schildkröte zweimal auf den „Panzer".

Geschichte: Die Wundermurmel (Teil 3)

Als Luca am Abend seine Hose über den Stuhl hängte, machte es plötzlich: „Plopp!" „Der schöne Stein aus dem Zoo!", fiel es Luca wieder ein. Der Stein war auf den Boden gefallen und dabei in zwei Teile zersprungen. Luca hob eine Steinhälfte auf und entdeckte, dass sie ausgehöhlt war. Die Steinhöhle war gerade so groß wie seine Daumenspitze und mit wunderschönen Kristallen ausgekleidet. Luca suchte nun auch die andere Steinhälfte, hob sie auf und staunte noch mehr – denn in dieser lag eine kleine bunte Kugel. „Sieht aus wie eine Murmel", dachte er und holte sie vorsichtig mit seinen Fingerspitzen heraus. In diesem Moment hörte er einen Vogel vor seinem Fenster zwitschern, besser gesagt sprechen.
„Tirili – tirala, der kleine Luca ist wieder da!" Luca rannte zum Fenster, doch der kleine Spatz flog vor lauter Schreck weg! „Jipieh! Ich kann immer noch die Sprache der Tiere verstehen!", rief Luca voller Freude und hüpfte im Zimmer herum. „Aber verstehen die Tiere auch mich?", überlegte er.
Luca öffnete das Fenster und rief: „Kleiner Spatz, komm zurück! Ich möchte mit dir sprechen!" Luca lauschte, ob ihm der Spatz antwortete. Plötzlich hörte er aus dem Gebüsch: „Tirili – tirilicht, er versteht mich doch nicht!" „Kleiner Spatz, das stimmt nicht!", rief Luca begeistert. „Ich kann dich verstehen und ich will dein Freund sein. Weißt du was, kleiner Spatz? Jetzt muss ich ins Bett, aber warte morgen früh auf mich, wenn ich in die Schule gehe. Ich bring dir dann etwas Kuchen mit." „Tirili, tirala – für Kuchenkrümel bin ich da", antwortete der Spatz, „Tirili – tirala, schlafe schön du kleiner Luca!" „Gute Nacht, kleiner Spatz", antwortete Luca, „ich freu mich auf morgen!"

Übergang: Austeilen der Wundermurmeln

Die Kinder legen sich hin und schließen die Augen. Die Erzieherin summt das nachfolgende Lied und legt dabei in eine Hand jedes Kindes eine Murmel.

75

Rhythmikprojekte zur Sprachförderung

Lied: Meine Wundermurmel

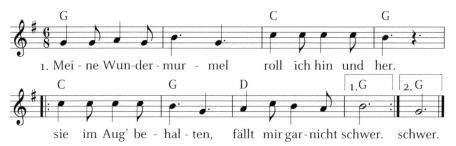

- *als Spiellied*

Alle Kinder sitzen mit gestreckten und gespreizten Beinen im Kreis auf dem Boden. Der Kreis ist mit den Beinen so abgedichtet, dass keine Murmel herausrollen kann. Das Lied wird gesungen und folgende Bewegungen dazu durchgeführt:

1. Meine Wundermurmel roll ich
hin und her.
II: Sie im Aug' behalten, fällt mir
gar nicht schwer. :II

*Jedes Kind rollt seine Murmel im
Wiegerhythmus des Liedes von der
einen zur anderen Hand.*

2. Meine Wundermurmel roll ich hin
zu dir.
II: Deine schöne Murmel rollt dann
her zu mir. :II

*Die Kinder rollen ihre Murmel zu
einem anderen Kind im Kreis.
Sie finden eine andere Murmel.*

3. Meine Wundermurmel ist ganz glatt
und rund.
II: Und in allen Farben schimmert sie
ganz bunt.:II

*Die Kinder rollen die Murmel in
ihren Handinnenflächen und halten sie sich dann vor die Augen
und betrachten sie intensiv.*

- *als Partnerspiel*

Die Kinder gehen zu zweit zusammen und setzen sich mit gestreckten und gespreizten Beinen gegenüber, so dass sich ihre Fußsohlen berühren.
Nun wird das Lied gesungen und die entsprechenden Bewegungen durchgeführt.

Es folgt ein Abschlussklang mit der Klangschale.

Die Wundermurmel

2. Luca und der Spatz im Zoo

Material
- Sitzmatten, Glasmurmeln, Körbchen für die Murmeln, Weingummischnur oder Salzstangen, einige Tücher für das Murmelnest

Instrumente
- Rührtrommel (oder Windspiel, Shanti), Klangbausteine (oder Flöte, Klavier, Sen-plates), Klangschale

Einstimmung: Lied und Bewegungsspiel: Die Tiere im Zoo (S. 71)
Die Erzieherin führt die Kinder mit dem Lied durch die bisherige Geschichte, indem sie jedes Mal, wenn das Lied gesungen wird fragt, was Luca dann passiert ist. Daher ergibt sich folgender Ablauf (der natürlich variiert werden kann, so müssen nicht alle Lieder gesungen werden, sondern nur die Lieblingslieder der Kinder).
– Lied: Die Tiere im Zoo (S. 73)
– Zu welchen Tieren ging Luca mit seinem Großvater zuerst? Antwort: Hängebauchschweine
– Was fand er dort? Antwort: Den weißen Stein mit der Wundermurmel
– Welches Tier war nun an der Reihe? Antwort: Die Schildkröten
– Lied: Die Schildkröte (S. 73)

Lied: Meine Wundermurmel (S. 76)

– *als Spiellied*

– *als Partnerspiel*

Auditives Wahrnehmungsspiel: Murmelwege
Die Kinder suchen sich einen neuen Partner und setzen sich mit gestreckten und gespreizten Beinen gegenüber, so dass sich ihre Fußsohlen berühren. Die Erzieherin spielt nun Klänge (Rührtrommel, Windspiel oder Shanti) und Töne (Klangbausteine, Flöte, Klavier oder Sen-plates) und gibt den Kindern dadurch Signale, auf welche Art und Weise sie mit der Murmel spielen sollen.

Rhythmikprojekte zur Sprachförderung

1. Klänge auf Rührtrommel, Windspiel oder Shanti spielen.

    Die Kinder drehen ihre Murmeln wie ein Kreisel.

2. Auf Klangbausteinen, Flöte, Klavier oder Sen-plates Töne c1 und g1 abwechselnd spielen.

    Die Kinder rollen ihre Murmel von der einen in die andere Hand. Dazu können sie im Rhythmus der Töne „Hin – her" sprechen.

3. Auf Klangbausteinen, Flöte, Klavier oder Sen-plates Töne e1 und c2 abwechselnd spielen.

    Die Kinder rollen ihre Murmeln zum Partner. Dazu können sie im Rhythmus der Töne „Zu – dir" sprechen.

– mit Murmeldirigent
Drei Kinder spielen jeweils eine der drei oben beschriebenen Spielformen auf den Instrumenten. Ein viertes Kind als Dirigent berührt die Kinder mit seiner Murmel so lange am Rücken, wie sie spielen sollen. Die anderen Kinder führen die entsprechenden Spielformen als Partnerspiel wie oben aus. Bei Spielende gestalten die Kinder ein Murmelnest mit Tüchern.

Geschichte: Die Wundermurmel (Teil 4)

Am nächsten Morgen steckte Luca vorsichtig die zwei Steinhälften und die Wundermurmel in einen kleinen Brustbeutel. Luca konnte es kaum erwarten, sich auf den Weg in die Schule zu machen. Er war so gespannt, ob der kleine Spatz auf ihn wartete. Als Luca vor die Haustür trat, sah er den kleinen Spatz auf dem Gartenzaun sitzen. „Tirili – tirila. Guten Morgen kleiner Luca!", hörte er den Spatz sprechen. Luca blieb vor dem Spatz stehen. „Guten Morgen kleiner Spatz. Hier ist dein Stück Kuchen." Luca hielt ihm seine geöffnete Hand hin, in der ein kleines Stückchen Kuchen lag. Der Spatz hüpfte zutraulich vom Zaun auf Lucas Hand und pickte hungrig die Kuchenkrümel auf. „Wie heißt du eigentlich?" „Iiich?", meinte der Spatz, „Ich habe keinen Namen. Aber du kannst mir doch einen geben." Luca überlegte. „Ich hab's!", rief er. „Ich nenne dich kleiner Spatz Tschippi!"
Der Spatz war ganz begeistert darüber, dass er endlich einen Namen hatte, und zwitscherte die Tonleiter hinauf und die Tonleiter hinunter. Das hörte sich sehr hübsch an, fand Luca. „Heute Mittag bin ich nach den Hausaufgaben auf dem Spielplatz", sagte Luca, „Wenn du Lust hast, komm mich doch besuchen." „Tirili-tirila. Heute Mittag bin ich da", trällerte Tschippi und flatterte fröhlich zwitschernd davon.

Die Wundermurmel

Auditives Wahrnehmungsspiel: Die Spatzen-Tonleiter
Die Kinder stehen im Kreis und halten sich ihre Hände als Spatzenschnabel vor den Mund. Die Erzieherin spielt auf einer Flöte oder einem anderen Instrument eine C-Dur Tonleiter hinauf und wieder hinunter. Die Kinder bewegen sich mit ihren Schnäbeln und ihrem Oberkörper auf entsprechende Weise nach oben, wenn die Tonleiter von unten nach oben geht, oder nach unten, wenn sie nach unten geht.

Geschichte: Die Wundermurmel (Teil 5)
Nach der Schule erledigte Luca ganz schnell und ohne zu quengeln seine Hausaufgaben. Voller Vorfreude, den kleinen Spatz wieder zu sehen, berührte er den weißen sonderbaren Stein mit der kleinen Wundermurmel. „Mein allerliebster Zauberstein!", murmelte Luca glücklich, „durch dich kann ich mit den Tieren sprechen! Ich danke dir!" Und er stürmte hinaus auf den Spielplatz zu seiner Verabredung mit dem Spatz.
Ungestüm lief er dort angekommen direkt auf die Büsche zu, in denen die kleinen Vögel saßen. Da flogen alle Vögel erschrocken davon!
Doch ein Spatz war sitzen geblieben. „Tschippi?", rief Luca. „Tirili, Tirila! Der kleine Luca ist wieder da!", hörte Luca den Spatzen sprechen. „Hallo Tschippi! Hast du Lust, mit mir in den Zoo zu gehen?" „Tiriliiiii! Tirilooooo! Du willst mit mir in den Zooo?", zwitscherte Tschippi aufgeregt. „Tirilooo – tiriliiii! Ja, im Zoo war ich noch nie!"
„Darauf kannst du dich richtig freuen! Dort siehst du Tiere, die du noch nie gesehen hast. Morgen geh ich mit Großvater in den Zoo. Warte auf mich am Zaun. Wenn ich mit den Hausaufgaben fertig bin, geht's los. Einverstanden?", fragte er den Spatz. „Tirili – tirilo. Ach, was bin dich denn so froh, morgen darf ich in den Zoo", antwortete Tschippi.
Dann führte Tschippi Luca allerhand Spatzenkunststücke vor. Zum Beispiel auf einem Spatzenbein stehen und den Kopf unter die Flügel stecken, sich mit dem Schnabel putzen, auf einem Bein stehend mit den Flügeln schlagen ... Und Luca versuchte, dem Spatz alles nachzumachen. Das war ganz schön schwer!

Bewegungsspiel: Spatzenkunststücke
Die Kinder stehen im Raum verteilt und die Erzieherin ist der Spatz. Die anderen Kinder ahmen die Spatzenkunststücke nach. Bewegungsbeispiele:
– Auf einem Bein stehen und herumhüpfen. Mit den Armen als Flügel flattern.

79

Rhythmikprojekte zur Sprachförderung

– Auf einem Bein stehen, das andere Bein vor den Oberschenkel klemmen, gleichzeitig mit den Händen vor dem Mund einen „Schnabel" bilden und zwitschern.
– Auf einem Bein stehen, den Kopf unter einen Flügel (Arm) stecken und piepen.

Varianten
1. Kinder sind nun in der Rolle des Spatzes. Ein „Spatz" macht Kunststücke vor, die anderen ahmen den Spatz nach.
2. Die Kinder bilden mit ihrem Mund einen spitzen Schnabel (Fischmäulchen) und bekommen von der Erzieherin einen Wurm (Weingummischnur oder Salzstange). Die Kinder versuchen, ihren „Wurm" ohne Hilfe der Finger zu essen.

Ausklang

Die Kinder holen ihre Murmel aus dem Murmelnest und setzen sich in den Sitzkreis. Jedes Kind singt seine Lieblingsstrophe des Murmelliedes und legt anschließend seine Murmel in ein Körbchen in der Kreismitte.

Es folgt ein Abschlussklang mit der Klangschale.

Die Wundermurmel

 ## 3. Luca im Zoo: Die Affen!

Material
- Sitzmatten, Glasmurmeln, Körbchen für die Murmeln

Instrumente
- Rührtrommel, Klangbausteine oder Flöte, Klavier, Sen-plates, Klangschale

Einstimmung: Lied und Bewegungsspiel: Die Tiere im Zoo (S. 71)

Bewegungsspiel: Spatzenkunststücke (S. 80)

Geschichte: Die Wundermurmel (Teil 6)

Am nächsten Mittag erledigte Luca seine Hausaufgaben wieder ganz schnell und gleich richtig, so dass er viel früher als erwartet mit dem Großvater in den Zoo aufbrechen konnte. „Ich geh schon mal runter!", rief Luca und freute sich auf Tschippi, den kleinen Spatz. Und tatsächlich, Tschippi wartete schon am Zaun. „Hallo Tschippi!", rief Luca. „Tirili – tirila, der kleine Luca ist wieder da", zwitscherte Tschippi. „Weißt du, kleiner Spatz", flüsterte Luca geheimnisvoll, „niemand darf von unserem Geheimnis wissen, denn dann wollen alle den Stein haben, um mit den Tieren sprechen zu können. Deswegen habe ich mir einen Plan ausgedacht. Am besten fliegst du mir unauffällig hinterher. Wir gehen zu Fuß zum Zoo, das ist also kein Problem. Einverstanden?" „Tirili – tirilo, ich flieg dir nach in den Zoo!", zwitscherte Tschippi. In diesem Moment kam der Großvater aus der Tür und Luca machte sich mit ihm auf den Weg.

Lied: Meine Wundermurmel (S. 76)

– als Spiellied

– als Partnerspiel

Auditives Wahrnehmungsspiel: Murmelwege (S. 77f.)

– mit Murmeldirigent

Rhythmikprojekte zur Sprachförderung

Geschichte: Die Wundermurmel (Teil 7)

Niemandem fiel auf, dass den beiden ein kleiner Spatz folgte. Im Zoo angekommen, gingen sie direkt ins Affenhaus. Luca liebte die Affen besonders, weil sie sich oftmals ärgerten und neckten, wie die Kinder. Und das war ziemlich lustig! Im Freigehege faulenzten die Affen gerade in ihren Blätternestern und der ein oder andere hing kopfüber von einem Ast herunter.

Da entdeckte Luca den kleinen Spatz, der auf einer Mauer Platz genommen hatte, und setzte sich zu ihm. „Hallo Tschippi!" „Tirili – tirilo, zum ersten Mal bin ich im Zoo!" „Schau Tschippi, das sind Affen. Sie leben normalerweise im Urwald und sind verwandt mit den Menschen. Doch sprechen können sie nicht."

Plötzlich hörte Luca lautes Affengeschrei. Ein junger Affe schaute ihn direkt an, er hielt wurfbereit eine Banane in der Hand und kreischte: „Was, wir können nicht sprechen? Uh-Uh-Uuäh!" „Ja, ja, du hast recht!", beschwichtigte Luca, „ich kann ja mit dir sprechen. Aber nur, weil ich einen sonderbaren weißen Stein mit einer Wundermurmel gefunden habe." „Was, du hast die Wundermurmel gefunden?", rief der Affe entsetzt. „Die Wundermurmel gehört David, unserem Tierpfleger. Er hat den Stein verloren und ist jetzt vor lauter Verzweiflung zu einem Zauberer nach Afrika geflogen. Dieser Zauberer kann als einziger auf der ganzen Welt Steine verzaubern, sodass Mensch und Tiere miteinander sprechen können."

„Tirilo – tirilir. Der weiße Stein gehört nicht dir!", zwitscherte der Spatz traurig.

Die Wundermurmel

Lied: Im Urwald die Affen!

– als Spiellied

1. Im Urwald die Affen, sie schreien und gaffen.	*Alle spielen Affen. Dabei mit den Händen zuerst einen Trichter vorm Mund machen, mit beiden Händen eine Schaugeste machen.*
Sie spielen Verstecken und tun sich gern necken.	*Sich hinter den anderen „Affen" verstecken. Sich gegenseitig kitzeln.*
Refrain: II: Die Affen, die Affen, was die für Faxen machen.	*Im Liedrhythmus abwechselnd klatschen und auf die Oberschenkel patschen.* *„Affenfaxen", z. B. Grimassen, Powackeln, Händedrehen*
Sie spielen und toben, weit in den Bäumen oben. :II	*Im Liedrhythmus Arme und Beine nach außen schwingen.*

Rhythmikprojekte zur Sprachförderung

2. Sie pflücken und werfen,   *Imaginäre Früchte pflücken und auf die anderen werfen.*
mit Früchten und Nüssen.
Sie futtern Bananen   *Imaginäre Banane schälen und aufessen.*
und schwingen Lianen.   *Schwingende Bewegungen mit den Armen.*

Refrain:
II: Die Affen, die Affen ... :II   *wie oben*

3. Sie schlafen und dösen,   *In die Hocke gehen und Schlaf-Geste machen.*
wann immer sie mögen.
Am liebsten sie träumen   *Sich den Bauch reiben.*
von Affenbrotbäumen.

Refrain:
II: Die Affen, die Affen ... :II   *wie oben*

Ausklang mit Geschichte: Die Wundermurmel (Teil 8)

Luca wurde traurig, denn die Vorstellung, dass er den weißen Stein mit der Wundermurmel wieder hergeben sollte, gefiel ihm überhaupt nicht. Er überlegte ein bisschen und dann hatte er eine Idee: „Wisst ihr was? Ich behalte ihn so lange, bis David wieder aus Afrika zurückgekehrt ist." „Tirili – tirilee, eine gute Idee!", antwortete Tschippi. „Uh-uh-uh ... finde ich auch", meinte der Affe. „Aber solange ich den Stein noch habe, will ich möglichst viele Tiere besuchen und mich mit ihnen unterhalten. Einverstanden?" „Tirili – tirilo, jeden Tag bist du im Zoo!", freute sich der kleine Spatz mit Luca. Von Weitem hörte Luca seinen Großvater rufen. Er sprang auf und rannte zu ihm.

Es folgt ein Abschlussklang mit der Klangschale.

Die Wundermurmel

 4. Luca im Zoo – die Krokodile

Material
- Sitzmatten, Glasmurmeln, Körbchen für die Murmeln, Kissen oder Kuscheltier

Instrumente
- Rührtrommel, Klangbausteine (oder Flöte, Klavier, Sen-plates), Klangschale, Triangel

Einstimmung: Lied und Bewegungsspiel: Die Tiere im Zoo (S. 71)

– Die Erzieherin fragt: „Bei welchem Tier war Luca zuletzt im Zoo?"
  Antwort: die Affen

Lied: Im Urwald die Affen (S. 83)

Geschichte: Die Wundermurmel (Teil 9)
*Luca fiel plötzlich ein, dass er seinen Großvater ganz vergessen hatte. Der saß auf einer Parkbank und las in seiner Zeitung. Luca stürmte zu ihm. „Heute ist es super im Zoo!", rief er begeistert. Großvater blickte schmunzelnd auf und freute sich mit Luca. „Zu welchem Tier möchtest du denn jetzt?", fragte ihn der Großvater. „Hm", überlegte Luca, „vielleicht zu den Krokodilen?" Und so machten sich die beiden auf den Weg zu den Krokodilen.
Im braunen Teichwasser erkannte Luca die darin lauernden Krokodile. Nur ihre kugelförmigen Atemlöcher und die Augen ragten aus dem Wasser. Plötzlich bekam Luca einen großen Schreck! Der kleine Spatz Tschippi saß auf der Schnauze eines Krokodils. „Tschippi, komm her zu mir!", rief Luca entsetzt. In diesem Moment öffnete das Krokodil blitzschnell seinen Rachen und Luca hielt den Atem an. Tschippi war nicht mehr zu sehen. Hatte ihn das Krokodil etwa schon verschluckt? „Tirili – tirila, der kleine Tschippi ist wieder da!", hörte Luca aus dem Gebüsch neben sich. „Das war aber knapp, kleiner Tschippi! Krokodile sind gefährlich. Sie liegen still und unbeweglich und verbreiten Angst und Schrecken, weil sie sich so gern verstecken." „Tirili – tirila, das habe ich gemerkt. Aber im Teich gibt es die leckersten Würmer und damit habe ich mich vollgefressen", zwitscherte Tschippi zufrieden. „Da hast du ja noch mal Glück gehabt, Tschippi!", lachte Luca froh.*

85

Rhythmikprojekte zur Sprachförderung

Bewegungsspiel und Reim: Gefährliche Krokodile!

Die Kinder liegen auf der Seite. Die Arme sind nach vorne gestreckt. Dabei werden die Finger als Krokodilszähne wie Krallen geformt. Die Arme sind als Krokodilsmaul zu Beginn weit geöffnet. Der Reim wird gesprochen, die Bewegungen werden dazu ausgeführt.

Krokodile sind gefährlich,	*Regungslos daliegen.*
liegen still und unbeweglich.	
Und verbreiten Angst und Schrecken,	
weil sie sich im Gras verstecken.	
II: Kri-kra-krux, kroko-kroko-dux! :II	*Im Sprechrhythmus das „Krokodilsmaul" öffnen und schließen.*
Auch im Wasser sind sie gerne,	*Über den Boden rollen.*
sehn die Beute schon von Ferne.	*Mit dem Rollen aufhören und still liegen.*
Aufgepasst, das Maul weit auf!	*Das „Maul" sehr weit öffnen.*
Alles nimmt nun seinen Lauf! Mmh.	*Bei „Lauf!" das Maul schließen.*
II: Kri-kra-krux, kroko-kroko-dux! :II	*wie oben*

Anschließend kann noch gefragt werden, welches Tier die „Krokodile" gefangen haben (zum Beispiel Fisch, Vogel).

Taktiles Wahrnehmungsspiel: Hungrige Krokodile!

Die Kinder liegen mit geschlossenen Augen als Krokodile auf dem Boden. Dabei sind die Arme als gefährliches Krokodilsmaul nach oben gestreckt und weit geöffnet. Spüren die Krokodile etwas im Maul (zum Beispiel ein Kissen, ein Kuscheltier), klappen sie sofort ihr Maul zu und versuchen die Beute zu fangen.

Ausklang mit Lied: Meine Wundermurmel (S. 76)

– *als Spiellied*

– *als Partnerspiel*

Es folgt ein Abschlussklang mit der Klangschale.

Die Wundermurmel

5. Luca im Zoo – der Tiger und die Spinne

Material
- Sitzmatten, Glasmurmeln, Körbchen für die Murmeln, dickerer Wollfaden (ca. 1 m) für jedes Kind, Kissen oder Kuscheltier

Instrumente
- Spring-Drum, Rasseln, Flex-A-Tone oder Glockenspiel, Triangel, Trommel, Klangschale

Einstimmung: Lied und Bewegungsspiel: Die Tiere im Zoo (S. 71)

– Die Erzieherin fragt: „Bei welchem Tier war Luca zuletzt im Zoo?"
Antwort: die Krokodile

Bewegungsspiel und Reim: Gefährliche Krokodile! (S. 86)

Geschichte: Die Wundermurmel (Teil 10)
Nach diesem Schreck machte sich Luca mit dem Großvater und Spatz Tschippi auf den Weg zum nächsten Tiergehege. Hier lebten die gefährlichen Tiger aus Indien. Da Großvater schon sehr oft mit Luca im Zoo die Tiger besucht hatte, setzte er sich wieder auf eine Bank und las in seiner Zeitung weiter, so dass sich Luca mit Tschippi unbemerkt unterhalten konnte. „Tirili – tirila, welch große Katze seh' ich da!", zwitscherte Tschippi etwas ängstlich. „Stimmt, Katzen sind nicht gerade die besten Freunde der Vögel! Ich glaube, ihr steht auf ihrem Speiseplan", wusste Luca. „Aber ich kann dich beruhigen Tschippi, das hier sind die Tiger und sie fressen keine so kleinen Vögel wie dich. Übrigens ist der Tiger eines der größten Raubtiere der Erde, so wie das Krokodil, bloß leben Tiger nicht im Wasser, sondern streifen durch den Dschungel", fuhr Luca fort. „Schau genau hin Tschippi – sie haben ein gestreiftes Fell und deshalb können die anderen Tiere sie nicht so gut im Dschungel entdecken." „Tirili – tirilaun. Ich bin klein und grau und braun. Tirili – tirilo. Im Gebüsch zu sein macht froh!", zwitscherte Tschippi. „Ja!", stimmte ihm Luca zu, „dich sehen dann die Raubvögel nicht so gut und im Gebüsch ist es für die großen Vögel viel zu eng."

Lied: Gefährliches Dschungelleben

– als Spiellied

1. Unheimlich, unheimlich
ist es hier im Dschungel,
mal ist es laut, mal ist es leis,
mal hörst du nur Gemunkel.
Unsichtbare Tatzen folgen mir,
unsichtbare Augen schaun
nach mir.

Sich ängstlich über die Arme streichen und umherschauen.
Bei „laut" die Ohren zuhalten, bei „leis" Hör-Geste.
Hände „schleichen" als Tatzen über die Oberschenkel, dann Schau-Geste.
Auf allen vieren umherschleichen.

Die Wundermurmel

II: Wer kann denn das, ... nur sein?
Das kann doch nur, das kann doch nur
der Königstiger sein. :II

Bei „Königstiger" einen großen Satz machen.

2. Verborgen, verborgen
leben viele Tiere.
Sie haben Angst vor einem Tier,
das ist der Königstiger.

Sich klein machen oder verstecken.

Unsichtbare Nasen riechen mich,
unsichtbare Fühler spüren mich.
II: Wer kann denn das, ... nur sein?
Das können nur, das können nur
die Dschungeltiere sein. :II

Auf die Nase tippen.
Fühler mit Händen darstellen.
Auf allen vieren umherschleichen.
Beliebiges Dschungeltier darstellen:
Affe, Schlange o. Ä.

Geschichte: Die Wundermurmel (Teil 11)

Luca beobachtete, wie einer der Tiger im Gehege immer hin und her lief. Das machen Tiger im Zoo häufig, wenn sie nicht gerade faul herumliegen oder fressen. Aber dieser Tiger blickte immer in eine Richtung und fauchte dabei. Luca konnte jedoch nichts im Gehege entdecken. Er bat Tschippi, zu dem Tiger zu fliegen und ihn zu fragen, was denn wohl los sei. „Tirili – tirla, ich bin gleich wieder da!", rief Tschippi mutig und flog davon.

„Cchh!", fauchte der Tiger, als der Spatz um seinen Kopf flatterte. „Was willst du denn von mir! Hau ab!" „Tirili – tirilo, warum bist du denn nicht froh?", fragte Tschippi den Tiger. „Cchh ... accchhh, so was Blödes! Cchh ... die Spinne, da hinten ...", fauchte der Tiger. „Tirili – tiriler, ach du fürchtest Spinnen sehr?", meinte Tschippi.

„Jaaa ... cchh. Seeehrr!", antwortete der Tiger. „Tirili – tirilern, mein Freund Luca hilft dir gern!" und Tschippi flog zu Luca zurück und erzählte ihm von der Spinne. „Ein Tiger, der Angst vor Spinnen hat?", dachte sich Luca. Er lief zu seinem Großvater und holte sich das kleine Taschenfernglas. Als er durch das Fernglas blickte, entdeckte er eine Spinne mit langen, haarigen Beinen. Die Angst vor Spinnen konnte Luca überhaupt nicht verstehen. Denn im Gegensatz zum Tiger fand Luca Spinnen total spannend. Er beobachtete besonders gern, wenn sie ihre schönen Spinnennetze spannen. Wahre Kunstwerke waren das!

„Aber wenn er Angst hat, dann will ich ihm helfen", überlegte Luca.

Lied: Kleine Spinne – Spinne fein

– als Spiellied mit Faden
Die Kinder bekommen einen ca. 1 m langen dicken Wollfaden. An der einen Seite ist eine Lasche geknotet, die sie sich über den Mittelfinger streifen.

1. Kleine Spinne, Spinne fein.
Will gern hoch im Baume sein.

Linker Unterarm und Hand sind Baumstamm und Baumkrone. Die rechte Hand, als Spinne, krabbelt mit schnellen Fingerbewegungen langsam über den Bauch und den Unterarm nach oben.

II: Weiter Weg und hoher Stamm,
Spinne fängt ganz unten an. :II

Wie oben wiederholen.

2. Kleine Spinne, ganz allein.
Krabbelbein auf Krabbelbein.
II: Sie schaut hoch und nicht
zurück,
denn sonst wird ihr schwindelig. :II

„Spinne" (rechte Hand) kommt in der Baumkrone an.

Die Wundermurmel

3. Kleine Spinne, Spinne fein.
Muss nun richtig fleißig sein.
II: Webt ihr Netz, webt hin und her,
so ein Spinnennetz geht schwer. :II

*Den „Spinnenfaden" um die Finger der
linken Hand weben.
Finger sind dabei die Kette und der
Spinnenfaden der Faden.*

4. Kleine Spinne, Spinne fein.
Wärmt sich jetzt im Sonnenschein.
II: Freut sich über' s Abendrot.
Wartet auf ihr Abendbrot. :II

*Die Spinne lässt sich am Ende des
Spinnenfadens hinuntergleiten
und wiegt sich hin und her.*

Tipp
Die Erzieherin oder ein Kind bilden mit Daumen und Zeigefinger eine Fliege und fliegen mit ihr summend zu jedem Spinnennetz. Dabei kommt die Spinne (rechte Hand des jeweiligen Kindes) aus ihrem Versteck, um die Fliege (Hand) zu fangen.

Geschichte: Die Wundermurmel (Teil 12)
Plötzlich sah Luca einen Tierpfleger in einem leeren Nachbargehege. Da hatte Luca eine Idee! Er sprang wie ein Gummiball auf und ab, fuchtelte mit den Armen und rief: „Hallo!" „Was ist los?", rief der Tierpfleger über den Wassergraben hinweg. „Da sitzt eine dicke Spinne und der Tiger hat Angst vor ihr!", brüllte Luca zurück und zeigte auf die Stelle. Der Tierpfleger schaute in das Gehege des Tigers und tatsächlich, er erkannte eine Spinne. „Danke!", rief er zurück. Dann ging der Tierpfleger fort und kam mit einem durchsichtigen Plastikbehälter zurück. Er lockte den Tiger mit einem Stück Fleisch in das Tigerhaus und verriegelte hinter ihm das Tor. Dann trat er in das Tigergehege und ließ die Spinne hineinkrabbeln.

Lied: Gefährliches Dschungelleben (S. 88), mit Instrumenten und stimmlicher Begleitung

An die Kinder sind folgende Instrumente verteilt: Spring-Drum, Rasseln, Flex-A-Tone/Glockenspiel, Triangel, Trommel

Rhythmikprojekte zur Sprachförderung

1. Unheimlich, unheimlich ist es hier im Dschungel, mal ist es laut, mal ist es leis, mal hörst du nur Gemunkel. Unsichtbare Tatzen folgen mir, unsichtbare Augen schaun nach mir.	*Stimme: Heulen, ächzen, bibbern.* *Instrument: Spring-Drum, Rasseln.* *Laut und leise spielen und heulen.* *Wispern.* *Instrument: Über Trommel streichen.* *Flex-A-Tone oder rasche Glissandi über Glockenspiel.*
II: Wer kann das nur, wer kann das nur, wer kann denn das nur sein? Das kann doch nur, das kann doch nur der Königstiger sein. :II	*Alle spielen leise und langsam. Dann immer schneller werden.* *Wieder spielen alle leise und langsam und werden immer schneller.*
2. Verborgen, verborgen leben viele Tiere. Sie haben Angst vor einem Tier, das ist der Königstiger. Unsichtbare Nasen riechen mich, unsichtbare Fühler spüren mich.	*Alle spielen leise auf den Instrumenten.* *Stimme: Wispern, bibbern.* *„Klangtupfer" mit einzelnen Tönen auf dem Glockenspiel oder Triangel.* *Mit der Stimme langsam: „Schschscht." sprechen.*
II: Wer kann das nur, wer kann das nur, wer kann denn das nur sein? Das können nur, das können nur die Dschungeltiere sein. :II	*Alle spielen leise und langsam. Dann immer schneller werden.* *Vom schnellen Spiel auf den Instrumenten wieder langsamer spielen.*

Ausklang mit Instrumentalspiel: Dschungelmusik

Die Kinder sitzen weiterhin im Kreis und halten ein Instrument in der Hand. Sie schließen die Augen. Ein Kind ist der Dschungeldirigent und tippt nun die Kinder an, wenn sie auf ihrem Instrument spielen sollen. Genauso kann er sie wieder „austippen". Mehrmals wiederholen mit neuem Dschungeldirigenten. Es folgt ein Abschlussklang mit der Klangschale.

Die Wundermurmel

 ## 6. Luca und seine Freunde im Zoo

Material
- Sitzmatten, Glasmurmeln, Körbchen für die Murmeln, Seile, Schweifbälle, vier Krepppapierbänder für jedes Kind (Länge ca. 80 cm, Breite ca. 3–4 cm)

Instrumente
- Spring-Drum, Rasseln, Flex-A-Tone/Glockenspiel, Triangel, Trommel, Klangschale,

Einstimmung: Lied und Bewegungsspiel: Die Tiere im Zoo (S. 71)
Die Kinder suchen sich die beliebtesten Tierlieder und Reime aus, die sie bisher kennengelernt haben.

Geschichte: Die Wundermurmel (Teil 13)
„Hallo junger Mann!", sagte plötzlich jemand zu Luca. Der Tierpfleger stand neben ihm. Mit dabei hatte er den Plastikbehälter mit der Spinne. „Ich heiße Peter, und wie heißt du?", fragte er Luca. „Hallo Peter, ich bin Luca", antwortete dieser.
„Kennst du eigentlich David, den Tierpfleger?", fragte Luca. „Na klar!", antwortete der Tierpfleger, „das ist mein bester Freund." „Kannst du ihm etwas von mir geben?", fragte ihn Luca. „Wenn es nicht gerade eine heiße Kartoffel ist?", grinste Peter und meinte dann: „Wie hast du eigentlich herausgefunden, dass der Tiger Angst vor einer Spinne hat?" Luca überlegte, was er sagen sollte, denn er konnte Peter auf keinen Fall erzählen, dass sich Tschippi mit dem Tiger unterhalten und ihm dann alles berichtet hatte. „Ähem, das ist ein Geheimnis", stammelte er. Luca versuchte Peter von seiner unangenehmen Frage abzulenken und begann mit der Spinne zu sprechen. „Hallo Spinne, hast du dich verirrt?", fragte Luca die Spinne. „SSsssssjaaaa. Daaassss kannnsssst duu sssoooo sssaaagen", hörte Luca die Spinne leise sprechen. „Dannnke, dasss du miiich uuund deeen Tiiiiger auuusss dieeesser Laaage geereeeettet hasssst." „Gern geschehen, Spinne", freute sich Luca.

Kreatives Gestalten mit Materialien: Das Spinnennetz
An die Kinder werden folgende Materialien verteilt: Seile, Schweifbälle oder vier Krepppapierbänder (Länge ca. 80 cm, Breite ca. 3–4 cm) für jedes Kind. Die Kinder legen mit den Bändern oder Schweifbällen die Spinne mit ihren acht

Beinen auf den Boden. Anschließend legen sie die Seile als Spinnennetz auf die Spinne. Wird die Gestaltung mit Krepppapierbändern durchgeführt, legen die Kinder einen Ball in die Mitte, der den Spinnenkörper darstellt. Zusätzlich können noch weitere Materialien, wie Reifen und Ringe kreativ in die Gestaltung einbezogen werden.

Geschichte: Die Wundermurmel (Teil 14)

*„Sag mal Luca, kannst du eigentlich mit Tieren sprechen?", fragte Peter. Luca wurde knallrot im Gesicht – so verlegen war er! Da hatte er geglaubt, er könnte sein Geheimnis verbergen, aber Peter hatte ihn sofort durchschaut. „Öh-äh, hm!", druckste Luca herum. „Hast du etwa den weißen Stein mit der Wundermurmel von David gefunden?", fragte Peter. „Ähm, jaaaa ...", stotterte Luca, „a-aaber ich wollte ihn David zurückgeben. Deswegen habe ich dich ja nach ihm gefragt."
„Aha! Das ist jetzt dumm gelaufen. David hat sich Urlaub genommen und ist in Afrika bei einem berühmten Zauberer, um sich einen neuen weißen Stein mit einer Wundermurmel zu holen. Du kannst mir deine Telefonnummer geben, dann ruf ich dich an, wenn er zurück ist." „Kein Problem!", rief Luca. „Da hinten sitzt mein Großvater, der weiß die Nummer auswendig." „Weiß dein Großvater von dem Stein?" „Nein!", rief Luca, „und bitte niemandem etwas davon sagen!" „In Ordnung", sagte Peter. „Als Dank dafür, dass du ein ehrlicher Finder bist, lade ich dich zu einer ganz besonderen Zooführung ein, und zwar dort, wo nur die Tierpfleger arbeiten. Aber erst wenn David wieder da ist." „Danke!", jubelte Luca, denn so etwas hatte er sich schon immer gewünscht. Luca stürmte zu seinem Großvater, der erstaunt aus der Zeitung hochblickte. „Der Tierpfleger Peter hat mich zu einer Zooführung eingeladen. Ist das nicht klasse?" Peter stellte sich dem Großvater vor und ließ sich die Telefonnummer geben.*

Lied: Meine Wundermurmel (S. 76)

– als Spiellied

Die Wundermurmel

Ausklang und Ende der Geschichte:
Die Wundermurmel (Teil 15)

Und tatsächlich, nach einer Woche war es so weit. Die Zooführung konnte stattfinden. Luca und sein Großvater waren um Punkt drei Uhr am Eingang des Zoos. Dort wartete bereits Peter mit einem anderen Mann. „Darf ich dir David vorstellen?", sagte er. „Guten Tag Luca", begrüßte ihn David freundlich. „Heute erlebst du vieles, was die normalen Zoobesucher niemals sehen und erleben. Ich würde vorschlagen, dein Großvater holt dich in zwei Stunden hier wieder ab." „In Ordnung", antwortete der Großvater, „aber passen Sie gut auf Luca auf. Er hat keine Angst vor Tieren und manchmal glaube ich sogar", und er begann zu flüstern, „dass er sogar mit Tieren spricht." „So, so ...!", grinsten Peter und David. Und dann machten sie sich mit Luca auf den Weg. Tschippi, der Spatz, war auch mit dabei und folgte Luca unauffällig.

Luca kam aus dem Staunen nicht mehr heraus. Er durfte die Pinguine füttern, den Hängebauchschweinen „Guten Tag" sagen, Zebras streicheln, ein Affenbaby im Arm halten und sich natürlich mit den Tieren nach Herzenslust unterhalten. „Du machst das ganz prima!", sagte David. „Das finde ich auch", fügte Peter hinzu. „Wir haben übrigens noch eine Überraschung für dich!", sagte David. „Ich werde dir den weißen Stein mit der Wundermurmel schenken, weil ich weiß, dass er bei dir in den besten Händen ist. Ich habe mir nämlich einen

Rhythmikprojekte zur Sprachförderung

neuen aus Afrika mitgebracht!" Luca konnte sein Glück kaum fassen und tanzte vor Freude durch das Affenhaus.
Und Tschippi zwitscherte fröhlich: „Tirili – tirila, das finde ich ganz wunderbar!"

Es folgt ein Abschlussklang mit der Klangschale.

Zauberer Zargor und der goldene Hengst

Rhythmikprojekte zur Sprachförderung

Zauberer Zargor und der goldene Hengst

Dieses Märchen enthält viele Elemente, die Kinder besonders faszinieren: Da gibt es Pferde, eine Königin und einen König, einen böser Zauberer und Kobolde.
Das wunderschöne Pferd Goldstern gerät in die Hände des raffgierigen Zauberers Zargor. Goldstern wird gefangen gehalten und seine Lage erscheint fast aussichtslos. Aber mit Hilfe des Mädchens Alberta gelingt ihm schließlich doch die abenteuerliche Flucht vor den Kobolden aus dem düsteren Reich des Zauberers.
Die Kinder tauchen bei diesem fantasievollen Rhythmikprojekt mit allen Facetten ihrer Emotionen ein – Freude und Angst, Heimweh und das Glück des Heimkommens – und haben Gelegenheit, ihren Gefühlen in Sprache und Bewegung auf vielfältige Weise Ausdruck zu verleihen.

Altersstruktur
Zwar sind die Spielangebote dieses Projekts relativ einfach konzipiert, dennoch sollte es erst für Kinder ab viereinhalb Jahren angeboten werden. Jüngere Kinder könnten sich von der großen Bandbreite der Gefühle, die thematisiert werden, überfordert fühlen. Der Einsatz in altersgemischten Gruppen ist möglich; Kinder bis zum Alter von sieben Jahren lassen sich mit großer Freude auf das abenteuerliche Märchenprojekt ein.

Didaktische Hinweise
Das altbekannte Pferdchenspiel findet in diesem Rhythmikprojekt eine neue Umsetzungsform durch das Lied: „Auf dem Rücken unserer Pferde", die die Kinder sehr auskosten.
Der Zeitrahmen jedes der vier Angebote liegt je nach Gruppensituation und Wiederholungen zwischen 45 und 60 Minuten.

Tipps für die Umsetzung in die Praxis
– Die hier genannten Instrumente zur Begleitungen des Reimes und des Liedes sind Vorschläge. Sollten sie in der Einrichtung nicht vorhanden sein, können sie durch ähnlich klingende Instrumente ersetzt werden.

Zauberer Zargor und der goldene Hengst

Das Rhythmikprojekt auf einen Blick
1. Spiel- und Förderangebot: Rufus und Stella
2. Spiel- und Förderangebot: Zauberer Zargor
3. Spiel- und Förderangebot: Alberta und Goldstern
4. Spiel- und Förderangebot: Freiheit für Goldstern

Förderschwerpunkte
- Die Mundmotorik und das phonetische Bewusstsein werden durch spielerische Lautierung phänomenologischer Vorgänge beim Reim: „Bei meinem Pferd" gefördert, S.107f.
- Der Sprachrhythmus, wichtiger Baustein für die Fähigkeit, Silben erkennen und trennen zu können, wird ebenfalls in diesem Reim spielerisch in Bewegung und auf dem Spiel auf Instrumenten umgesetzt.
- Neben der sozialen Kompetenz, die die Kinder durch das Führen und Folgen von Pferd und Reiter lernen, wird insbesondere die sensomotorische Umsetzung von charakteristischen Rhythmikmethoden gefördert: „Bewege, was du hörst" durch die Gangarten des Pferdes – Schritt, Trab und Galopp und „Spiele, was du siehst" durch Spielformen, wie den „Pferdedirigenten", S. 102.
- Das Unterscheidenkönnen der Gangarten der Pferde, die Umsetzung in Bewegung, die auditive Zuordnung zu Instrumenten, das Spiel auf verschiedenen Instrumenten und das Singen fördern auf besonders vernetzte Weise die phonologische Bewusstheit und aktivieren verschiedenste Lernebenen (motorisch, auditiv, taktil, serielles Handeln).
- Die Sensibilisierung für die Differenzierung der unterschiedlichen Rhythmusformen bedeutet gleichzeitig eine Sensibilisierung für den Sprachrhythmus und erweitert das Sprachverständnis.

1. Spiel- und Förderangebot: Rufus und Stella

Material
- Seile, dunkle und gelbe Tücher

Instrumente
- Holzblocktrommel (alternativ: zwei Kokoshälften oder zwei Plastikbecher), Klanghölzchen, Trommeln, Sen-plates oder Metallophon-Klangbausteine, Klangschale

Rhythmikprojekte zur Sprachförderung

Zur Einstimmung: Zauberer Zargor und der goldene Hengst (Teil 1)

Es war einmal eine Königin und ein König, die sich sehr liebten. Die Königin besaß eine Stute, die ein golden schimmerndes Fell hatte und so anmutig und schön war, wie auf der ganzen Welt noch keine Stute gesehen wurde. Ihr Name war „Stella". Der König besaß einen Rappen. Sein tiefschwarzes Fell glänzte wie ein Spiegel und er war feurig und stark. Er hieß „Rufus".
Jeden Tag ritten der König und die Königin mit ihren Pferden durch das friedliche und schöne Königreich.

Übergang: „Pferdegalopp"

Die Erzieherin spielt heimlich hinter ihrem Rücken auf einer Holzblocktrommel (ersatzweise zwei Kokoshälften oder zwei Plastikbecher) einen Galopprhythmus. Sie lenkt die Aufmerksamkeit der Kinder auf das Geräusch und fragt: „Nach was hört sich das an?" Haben die Kinder erraten, dass es sich um Pferdegalopp handeln könnte, spielt die Erzieherin weiter, steht auf und galoppiert durch den Raum. Die Kinder galoppieren mit. Direkt im Anschluss geht es mit dem Lied „Auf dem Rücken unsrer Pferde" weiter.

Lied: Auf dem Rücken unserer Pferde

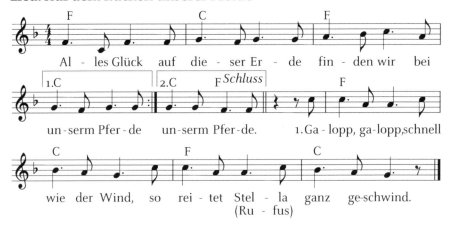

– als Spiellied
Die Kinder gehen zu zweit zusammen. Ein Kind spielt das Pferd, das andere den König oder die Königin. Das Lied wird in den verschiedenen Bewegungs-

Zauberer Zargor und der goldene Hengst

rhythmen der Pferde gesungen und paarweise bewegt. Dabei wird dem Pferd Zaumzeug (Seil) angelegt. Liedrhythmus und Bewegungsausführung wechseln je nach Strophe und der entsprechenden Fortbewegungsart.

1. Galoppieren (siehe Notenbild)
II: Alles Glück auf dieser Erde finden wir bei unsrem Pferde. :II
Galopp, galopp, schnell wie der Wind, so reitet ‚Stella'/‚Rufus' ganz geschwind.
In einem raschen Tempo singen und bewegen.

2. Traben

II: Alles Glück auf dieser Erde finden wir bei unsrem Pferde. :II
Ich trabe durch das ganze Land und führ mein Pferd mit lockrer Hand.
In einem kindgemäßen Lauftempo singen und bewegen.

3. Schritt

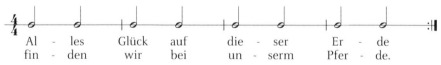

II: Alles Glück auf dieser Erde finden wir bei unsrem Pferde. :II
Das Pferd führen wir Schritt für Schritt und ausgeruht gehen wir mit.
In einem langsameren Lauftempo singen und bewegen.

II: Alles Glück auf dieser Erde finden wir bei unsrem Pferde. :II

Hinweis: Der Refrain am Schluss kann in einer beliebigen Gangart gespielt und gesungen werden.

Lied: Auf dem Rücken unsrer Pferde, als Rollenspiel

Den Kindern, die Rufus spielen möchten, wird ein dunkles Tuch als Schweif in den Hosenbund gesteckt. Den Kindern, die Stella spielen möchten, wird ein gelbes Tuch als Schweif in den Bund gesteckt. Rollenwechsel.

Spielvariante
Alle Reiterpaare stellen sich in einer Ecke hintereinander auf. Jedes Reiterpaar galoppiert, trabt oder geht im Schritt über die große Diagonale des Raumes. Die Erzieherin begleitet die Kinder in der entsprechend ausgewählten Gangart zum Beispiel auf Klanghölzchen.

Übergang: Einsammeln des Materials durch „Pferdepflege"
Der „Reiter" striegelt das „Pferd" mit seiner Hand (Faust als Bürste), lobt es, klopft es ab, nimmt das Zaumzeug ab und bürstet zum Schluss den „Schweif". Das Material wird zum Schluss geordnet in die Kreismitte gelegt und die Kinder setzen sich im Kreis.

Sensomotorisches Wahrnehmungsspiel: Der Pferde-Dirigent
An die Kinder werden Klanghölzchen ausgeteilt. Nun stellt sich ein Kind als „Pferde-Dirigent" in die Kreismitte und bewegt sich in den Gangarten der Pferde. Im Schritt, im Trab und im Galopp. Die Kinder begleiten das Pferd in seinem Rhythmus auf den Klanghölzchen.
Das Spiel wird solange wiederholt, bis jedes Kind, das möchte, an der Reihe war.

Lied: Auf dem Rücken unserer Pferde (S. 100)

– mit Instrumenten
Die Erzieherin spielt auf der Trommel langsam im Schritttempo des Pferdes. Dann auf einem Senplate oder einem Metallophon-Klangbaustein im Trab. Schließlich auf den Klanghölzchen im Galopp. Die Kinder raten, welche Gangart gespielt wird. Nun können sich die Kinder entweder eine Trommel, Klanghölzchen oder Senplates/Metallophon-Klangbausteine aussuchen. Das Lied wird gemeinsam gesungen und mit den entsprechenden Instrumenten zur Strophe begleitet.

1. Strophe:	Im Galopprhythmus mit Klanghölzchen
2. Strophe:	Im Trabrhythmus mit Senplates oder Metallophon-Klangbausteinen
3. Strophe:	Im Schritttempo mit Trommeln.

Zauberer Zargor und der goldene Hengst

Hinweis: Der Refrain am Schluss kann in einer beliebigen Gangart gespielt und gesungen werden.
Mehrmals singen mit Instrumententausch.

Wahrnehmungsspiel: Pferdemusik

Ein Kind spielt zu den Gangarten der Pferde auf einem Instrument seiner Wahl (Trommel, Klanghölzchen, Senplate/Klangbaustein). Die anderen Kinder bewegen sich entsprechend dazu und raten, welche Gangart gespielt wurde.
So lange wiederholen, bis jedes Kind an der Reihe war, das spielen möchte.

Ausklang: Zauberer Zargor und der goldene Hengst (Teil 2)

Eines Tages brachte die Stute Stella ein Fohlen auf die Welt. Voller Glück eilten der König und die Königin in den Pferdestall.
Im weichen Stroh lag ein wunderschönes kleines Fohlen und Stella leckte es liebevoll. Das Fohlen war hell mit einem goldenen Schimmer. Die Mähne und der Schweif sahen aus, als ob sie aus purem Gold wären. Als das Königspaar das Fohlen noch näher betrachtete, entdeckten sie, dass seine Hufe aussahen, als ob sie aus Gold gemeißelt waren.
Das Glück von Stella und Rufus, dem König und der Königin war vollkommen. „Goldstern" wurde das kleine Fohlen genannt. Es wuchs heran und wurde zu einem prächtigen Hengst. Jeder, der ihn anblickte, musste sich die Hände vor die Augen halten, denn so sehr blendeten sein goldenes Fell und seine goldenen Hufe.

Es folgt ein Abschlussklang mit der Klangschale.

Rhythmikprojekte zur Sprachförderung

 ## 2. Spiel- und Förderangebot: Zauberer Zargor

Material
- Seile, Zauberhut, Zauberstab, dunkle und gelbe Tücher

Instrumente
- Klanghölzchen, Trommeln, Sen-plates/Metallophon-Klangbausteine, Klangschale, Spring-Drum/Becken, Raspeln, Triangel, Flex-A-Tone, Waldteufel, Vibra-Slap

Bewegungsspiel zur Einstimmung: Die Gangarten der Pferde

Die Erzieherin spielt auf den Instrumenten Trommel, Klanghölzchen oder Senplates/Metallophon-Klangbausteine zu den Fortbewegungsarten Schritt, Galopp und Trab. Die Kinder bewegen sich entsprechend dazu im Raum. Nach mehreren Abläufen traben die Pferde in den Stall (Sitzkreis).

Lied: Auf dem Rücken unserer Pferde (S. 100)

– als Rollenspiel

Impulsgespräch: Was bisher geschah

Sensomotorisches Wahrnehmungsspiel: Der Pferde-Dirigent, mit unterschiedlichen Instrumenten

An die Kinder werden Trommeln, Klanghölzchen und Senplates/Metallophon-Klangbausteine ausgeteilt. Nun stellt sich ein Kind als „Pferde-Dirigent" in die Kreismitte und bewegt sich in den drei Gangarten der Pferde: im Schritt, im Trab und im Galopp. Die Kinder im Kreis begleiten seine Bewegungen in der jeweiligen Gangart immer nur auf den entsprechenden Instrumenten. Beim Galopprhythmus spielen die Kinder mit den Klanghölzchen, den Trabrhythmus die Kinder mit Senplates oder Metallophon-Klangbausteinen, im Schritttempo die Kinder mit Trommeln.

Das Spiel wird solange wiederholt, bis jedes Kind, das möchte, an der Reihe war. Zum Schluss spielt jedes Kind den Rhythmus einer der drei Gangarten des Pferdes und die anderen raten. Anschließend legt das Kind sein Instrument in die Kreismitte.

Zauberer Zargor und der goldene Hengst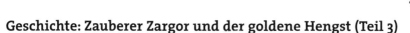

Geschichte: Zauberer Zargor und der goldene Hengst (Teil 3)
In einem verwunschenen Zauberreich lebte der böse Zauberer Zargor. Dieser hörte beim jährlichen Zauberertreffen von Goldstern, dem schönsten Pferd auf der ganzen Welt. „Ein Pferd mit goldenen Hufen habe ich mir schon immer gewünscht!", dachte er voller Gier. „Das will ich haben!" Und er schmiedete einen bösen Plan. Er verwandelte sich in eine Krähe und flog mit Tausenden und Abertausenden von hungrigen Krähen in das Königreich. Es waren so viele, dass sich der Himmel verdunkelte. Als die Krähen schließlich mit lautem Gekrächze landeten, waren alle Dächer und Bäume im ganzen Land schwarz vor lauter Krähen. Das Volk, der König und die Königin fürchteten sich sehr.
Da nahm der Zauberer Zargor Menschengestalt an, trat vor das Königspaar und sprach: „Gebt mir den goldenen Hengst Goldstern und ich verschone euch vor der Krähenpest! Wenn die Krähen die Felder und Gärten abfressen, ist die Ernte vernichtet und alle werden großen Hunger leiden." Schweren Herzens übergab das Königspaar dem bösen Zauberer Zargor Goldstern. Der Zauberer Zargor schwang sich auf den Rücken von Goldstern und ritt davon. Im selben Augenblick erhoben sich die Krähen und verließen das Königreich, ohne ein Hälmchen zu fressen. Doch der König und die Königin und das ganze Volk konnten sich nicht freuen. Sie weinten, weil Goldstern nun fort war.

Wahrnehmungsspiel: Zauberer Zargors Krähen
Die Erzieherin spielt auf der Spring-Drum oder einem Becken „Krähenmusik". Die Kinder „fliegen" als Krähen durch den Raum. Hören Sie die Krähenmusik nicht mehr, so setzen sie sich in die Hocke auf den Boden.
Mehrmals wiederholen mit jeweils einem anderen Kind als Instrumentalisten. Beim letzten Mal fliegen die Krähen zurück in das Zauberschloss (Sitzkreis).

Ausklang: Zauberer Zargor dirigiert Krähenmusik
An die Kinder werden Becken, Raspeln, Triangel, Spring-Drum, Flex-A-Tone, Waldteufel, Vibra-Slap und andere Instrumente verteilt. Ein Kind stellt sich als Zauberer in die Kreismitte und erhält einen Zauberhut (schwarze Pappe als Tüte formen, tackern und Haltegummi befestigen) auf den Kopf und einen Zauberstab in die Hand. Der Zauberer dirigiert nun die Kinder mit entsprechenden Dirigiergesten: laut und leise, schnell und langsam.

Rhythmikprojekte zur Sprachförderung

Hinweis: Es ist günstig, wenn die Erzieherin zuerst den Zauberdirigenten spielt, damit die Kinder sehen und hören, was für Umsetzungen möglich sind. Zum Beispiel: lauter und leiser werden und schneller und langsamer werden.

Es folgt ein Abschlussklang mit der Klangschale, bei dem die Kinder leise und vorsichtig ihre Instrumente in die Mitte legen.

3. Spiel- und Förderangebot: Alberta und Goldstern

Material
- Seile, dunkle und gelbe Tücher, Zauberhut

Instrumente
- Raspeln (in Form von Fröschen, Heuschrecken etc.), Rasseln, Schlägel mit Handtrommeln, Klanghölzchen, Trommeln, Sen-plates/Metallophon-Klangbausteine, Klangschale, Spring-Drum/Becken

Wahrnehmungsspiel zur Einstimmung: Zauberer Zargors Krähen (S. 105)

Impulsgespräch: Was bisher geschah

Geschichte: Zauberer Zargor und der goldene Hengst (Teil 4)

Der Zauberer Zargor ritt mit Goldstern zu seinem Zauberschloss. Dort sperrte Zargor Goldstern in einen großen goldenen Käfig. Einmal am Tag ritt er auf ihm aus und durchstreifte die dunklen und unheimlichen Wälder, Täler und Felsenschluchten in seinem Zauberreich. Goldstern ging es jedoch jeden Tag schlechter und schlechter. Obwohl er genügend Futter und Bewegung hatte und die Kobolde des Zauberers sein Fell pflegten, hatte er Heimweh nach seiner Mutter Stella, seinem Vater Rufus, dem König und der Königin. Von Tag zu Tag wurde sein Fell stumpfer und seine goldenen Hufe verloren jeden Glanz. Das bemerkte natürlich auch der Zauberer Zargor. „Vielleicht pflegen die Kobolde Goldstern nicht richtig?", überlegte der Zauberer.

Zauberer Zargor und der goldene Hengst

Eines Tages saß das Mädchen Alberta vor den Toren des Zauberschlosses. Es hatte sich verlaufen und fand nicht mehr den Weg nach Hause zurück. Der Zauberer Zargor nahm Alberta freundlich in seinem Schloss auf. Aber heimlich sprach er einen Zauber über sie: Als Alberta nach einiger Zeit beschloss, wieder den Weg nach Hause zu suchen, lief sie gegen unsichtbare Wände. Da wusste sie, sie war die Gefangene des Zauberers Zargor! Alberta weinte bitterlich, denn sie hatte großes Heimweh.

Wahrnehmungsspiel: Im Schloss gefangen

Die Kinder gehen im Schloss spazieren. Spielt die Erzieherin (mit einem Zauberhut verkleidet) auf der Spring-Drum oder einem Becken den Zauberklang von Zauberer Zargor, bleiben die Kinder stehen und gehen anschließend in einer anderen Richtung weiter.
Mehrmals wiederholen mit einem Kind als Instrumentalist (Zauberer).

Geschichte: Zauberer Zargor und der goldene Hengst (Teil 5)

Der Zauberer Zargor trat vor Alberta und sprach: „Du kümmerst dich ab jetzt den ganzen Tag und die ganze Nacht um den goldenen Hengst!", und führte sie zu Goldstern, der mit hängendem Kopf und trüben Augen in seinem goldenen Käfig stand.
Als Alberta den traurigen Goldstern erblickte, schloss sie ihn sofort in ihr Herz. Alberta striegelte Goldstern, sie gab ihm Futter und Wasser, sie tätschelte und sprach mit ihm. Von nun an ging es Goldstern von Tag zu Tag besser. Nach und nach schimmerten sein Fell und seine Hufe wieder wie das reinste Gold. Auch Alberta wurde ein kleines bisschen glücklicher.

Wahrnehmungsspiel mit Reim: Bei meinem Pferd, als Partnerspiel

Die Kinder gehen zu zweit zusammen. Ein Kind ist ‚Goldstern', das andere ‚Alberta'. Goldstern hat sich Chiffontücher als Schweif (Hosenbund) und Mähne (Kragen) in die Kleidung gesteckt. Alle Kinder sprechen den Reim und die Kinder, die Alberta spielen, führen nun alle im Reim beschriebenen Tätigkeiten an ihrem Goldstern aus.

Rhythmikprojekte zur Sprachförderung

Frisches Wasser, Hafer, Heu
Da wird Goldstern zahm – nicht scheu!
Ich klopf und kratz die Hufe aus,
er frisst dabei den Pferdeschmaus.
ll: Klopf-klopf, kratz-kratz.   *Fußsohlen (Hufe) auskratzen.*
Klopf-klopf, kratz-kratz :ll

Goldsterns schönes Fell,
das striegle ich ganz schnell,   *Mit der Faust als „Bürste" striegeln.*
ll: Rssch-rsch, rsch-rsch. :ll

Den Schweif, die Mähne kämm' ich nun,   *Mit den Fingern Mähne und Schweif*
ich kämme sie, ohne zu ruhn!   *„kämmen".*
ll: Sssp-ssp, ssp-ssp. :ll

Im Anschluss werden die Rollen getauscht.

Reim: Bei meinem Pferd, mit Instrumenten
Die Kinder sitzen im Kreis und Raspeln, Rasseln und Trommeln werden verteilt. Alle sprechen gemeinsam den Reim und begleiten ihn mit den entsprechenden Instrumenten. Mehrmals mit Instrumententausch wiederholen.

Zauberer Zargor und der goldene Hengst

Frisches Wasser, Hafer, Heu
Da wird Goldstern zahm – nicht scheu!
Ich klopf und kratz die Hufe aus,
er frisst dabei den Pferdeschmaus.
II: Klopf-klopf,
kratz-kratz. :II

Im Sprechrhythmus auf den Instrumenten spielen.

Auf die Raspel klopfen.
Mit der Raspel raspeln.

Goldsterns schönes Fell,
das striegle ich ganz schnell,
II: Rssch-rsch, rsch-rsch. :II

Im Sprechrhythmus auf den Instrumenten spielen.
Mit Rasseln im Sprechrhythmus spielen.

Den Schweif die Mähne kämme ich nun,
ich kämme sie, ohne zu ruhn!
II: Sssp-ssp, ssp-ssp. :II

Im Sprechrhythmus auf den Instrumenten spielen.
Einen Schlägel rasch und im Sprechrhythmus am Trommelrand herunterziehen.

Wahrnehmungsspiel: Die Gangarten der Pferde

Die Erzieherin spielt auf den Instrumenten Trommel, Klanghölzchen oder Senplates/Metallophon-Klangbausteine zu den Gangarten Schritt, Galopp und Trab. Die Kinder bewegen sich entsprechend dazu im Raum.
Dann sind drei Kinder Instrumentalisten. Jedes Kind hält entweder ein Senplate/Metallophon-Klangbaustein, eine Trommel oder Klanghölzchen in der Hand. Die Erzieherin ist die Streicheldirigentin: Wenn sie über den Rücken eines der Instrumentalisten streicht, so spielt dieser und die übrigen Kinder bewegen sich in der entsprechenden Gangart dazu.
Mehrmals mit anderen Kindern als Instrumentalisten spielen.
Nach mehreren Abläufen traben die Pferde in den Stall (Sitzkreis).

Ausklang mit Lied: Auf dem Rücken unserer Pferde (S. 100)

– *am Platz*
Die Kinder singen das Lied und bewegen den entsprechenden Rhythmus der Gangart. Beim Schritt auf die Oberschenkel patschen, beim Traben mit überkreuzten Armen abwechselnd auf die Schulter klopfen und beim Galoppieren mit den Fußspitzen auf den Boden tippen.

Es folgt ein Abschlussklang mit der Klangschale.

4. Spiel- und Förderangebot: Freiheit für Goldstern

Material
- Zauberhut, Seile, dunkle und gelbe Tücher

Instrumente
- Raspeln (in Form von Fröschen, Heuschrecken etc.), Rasseln, Schlägel mit Handtrommeln, Klanghölzchen, Trommeln, Sen-plates/Metallophon-Klangbausteine, Klangschale, Spring-Drum/Becken

Wahrnehmungsspiel zur Einstimmung: Die Gangarten der Pferde (S. 109)
Im Anschluss die Instrumente für das Lied und den Reim mit Instrumenten in den Sitzkreis legen.

Lied: Auf dem Rücken unserer Pferde, als Spiellied (S. 100f.)

Wahrnehmungsspiel mit Reim: Bei meinem Pferd, als Partnerspiel (S. 107f.)

Lied: Auf dem Rücken unserer Pferde, mit Instrumenten (S. 102)

Reim: Bei meinem Pferd, mit Instrumenten (S. 108)

Wahrnehmungsspiel: Im Schloss gefangen (S. 107)

Impulsgespräch: Was bisher geschah

Geschichte: Zauberer Zargor und der goldene Hengst (Teil 6)
Eines Tages musste der Zauberer Zargor sein Reich verlassen, um zum großen Zauberertreffen zu reisen. Da die Zauberkraft, mit der er Alberta im Schloss gefangen hielt, verging, sobald er sein Zauberreich verließ, fesselte er Alberta an den goldenen Käfig von Goldstern. Die Kobolde mussten nun wieder für Goldstern sorgen, auf ihn aufpassen und auch Alberta zu essen und zu trinken geben. Unglücklich saß Alberta an den Käfig gefesselt. Doch plötzlich spürte sie an ihren

Zauberer Zargor und der goldene Hengst

Händen die weiche Schnauze von Goldstern. Und tatsächlich, Goldstern versuchte vorsichtig, die Fesseln durchzukauen. Nach einiger Zeit hatte es Goldstern geschafft – Alberta war frei! Sie öffnete den goldenen Käfig – die Kobolde schliefen noch – und Goldstern trabte heraus. Sofort schwang sie sich auf Goldsterns Rücken und die beiden preschten aus dem Zauberschloss. Alberta wusste, dass sie sich sehr beeilen mussten, um dem Zauberer Zargor zu entkommen. Goldstern galoppierte so schnell er konnte, doch als die letzten Strahlen der Sonne verschwanden, hatten sie immer noch nicht das Ende des Zauberreiches erreicht. Schon hörten Goldstern und Alberta das grässliche Schreien der Kobolde im Nacken, als Goldstern zu einem riesigen Sprung über eine Schlucht ansetzte. Alberta kam es vor, als ob sie auf einem geflügelten Pferd sitzen würde, so lange flog sie mit Goldstern durch die Luft. Als Goldstern seine Hufe aufsetzte, schrie Alberta erleichtert: „Gerettet!"

Auf der anderen Seite der Schlucht feixten und kreischten die Kobolde, aber Alberta und Goldstern brauchten sich nun vor ihnen nicht mehr zu fürchten. Sie erreichten glücklich das Königreich und Goldstern wurde freudig begrüßt von seiner Mutter Stella und seinem Vater Rufus. Der König und die Königin freuten sich unbändig und sie staunten sehr, als sie Alberta auf dem Rücken von Goldstern sahen. Denn das Mädchen war über und über golden. Der Neffe des Königspaars, Prinz Eduardo, verliebte sich augenblicklich in das güldene Mädchen. Und wenig später wurde ein großes Hochzeitsfest gefeiert und wenn sie nicht gestorben sind, dann leben sie noch heute.

Ausklang mit Hochzeitstanz

Die Kinder gehen zu zweit zusammen und fassen sich an den Händen. Sie stellen sich paarweise hintereinander auf. Die Erzieherin improvisiert auf einem Instrument ihrer Wahl oder spielt die Melodie des Liedes „Auf dem Rücken unserer

Rhythmikprojekte zur Sprachförderung

Pferde" oder nimmt einen „Hochzeitstanz" von einem Tonträger. Es können je nach Gruppenkonstellation und Situation verschiedene Tanzformen der Polonaise getanzt werden. Der Tanzweg geht dabei durch die Raummitte in einem Bogen über die Seiten.

Die Kinder stehen paarweise hintereinander und mittig im hinteren Teil des Raumes. Die Erzieherin steht vorne gegenüber oder tanzt mit, wenn ein Kind keinen Partner findet. Sie gibt Tanzanweisungen, wie zum Beispiel:

– ein Paar aus der Reihe geht nach links, das nächste Paar nach rechts;
– ein Paar bleibt hinten stehen und macht eine Armbrücke. Das nächste Paar geht unter der Armbrücke durch und stellt sich direkt hinten an. Es bildet ebenfalls eine Armbrücke, durch die das nächste Paar geht usw.

Zum Schluss setzen sich alle in den Sitzkreis und es folgt ein Abschlussklang mit der Klangschale.

Tick und Tock auf dem Bauernhof

Rhythmikprojekte zur Sprachförderung

Tick und Tock auf dem Bauernhof

Dies animierende Projekt knüpft mit zahlreichen Spielliedern und Reimen an die Sprech-, Sing-, und Bewegungsfreude der Kinder an. Sie tauchen dabei ganz in die Erlebniswelt „Bauernhof" ein und lernen einige Tiere und das Leben auf dem Bauernhof kennen. Das Thema Bauernhof ist eingebettet in die fiktive Erlebnisreise der beiden Zwerge Tick und Tock, die mit ihrer Freundin, der Schnecke Mila, ereignisreiche Tage auf dem Bauernhof verbringen. Spiellieder, Reim- und Bewegungsspiele eröffnen vielfältige Sprechanlässe, so werden Sprech- und Sprachkreativität gefördert – und ganz nebenbei wird natürlich der Wortschatz erweitert.

Altersstruktur

Dieses Rhythmikprojekt zur Sprachförderung ist aufgrund des einfachen Wortschatzes, der Sprach- und Sprechfertigkeitskompetenzen, die vorausgesetzt werden, bereits für Kindergartenkinder ab drei Jahren geeignet. Wiederholungen, einfache Lieder in Kombination mit attraktiven Spiel- und Bewegungsangeboten, machen es aber auch noch für Vorschulkinder mit Sprachauffälligkeiten und Wahrnehmungsstörungen interessant. Zum Einsatz in einer altersgemischten Gruppe (3–5 Jahre) ist es ebenfalls geeignet: Hier können sich die älteren Kinder in ihren schon vorhandenen Kompetenzen zeigen und die Jüngeren lernen besonders motiviert.

Didaktische Hinweise

In den fünf Spiel- und Förderangeboten werden Tiere und ein Traktor vorgestellt, eingeführt durch Lieder und rhythmisch-musikalische Spiele.
Ein wichtiges didaktisches Mittel ist hier die Wiederholung. Wiederholung ist nicht zu verwechseln mit „Üben", sondern bezeichnet einen spiralförmigen Lernprozess, der gerade für die Sprachförderung von besonderer Bedeutung ist. Wiederholungen gibt es in diesem Projekt auf verschiedenen Ebenen:
Identische Wiederholung: Die Kinder haben Raum und Gelegenheit, neue Lieder, Spiel und Übungsangebote in jedem Angebot und von Angebot zu Angebot zu wiederholen und sich mit ihnen vertraut zu machen.
Wiederholung mit Methodenwechsel: Bereits bekannte Lieder werden mit unterschiedlichen Bewegungselementen kombiniert (Lied im Raum oder am Platz, in Feinmotorik, in Grobmotorik).

Tick und Tock auf dem Bauernhof

Wiederholung mit motorischer Modifikation: Bereits bekannte Spiel- und Förderangebote werden erneut als Finger- oder Handgestenspiel, mit Materialien oder Instrumenten angeboten.

Wiederholen als Anknüpfen an eine Geschichte: Die Sprachspiele „Tick und Tock und die Schnecke/der Hahn/die Kuh ..." strukturieren den gesamten Ablauf dieses Projektes. Obwohl die Kinder in jedem Angebot etwas Neues lernen, beginnt dies „Neue" jeweils mit dem Anknüpfen an das Vertraute, die Geschichte von Tick und Tock: Was haben Tick und Tock bisher erlebt? Was könnte ihnen noch passieren? Diese Ebene des Projekts fördert die (im Kontext von Literacy-Erziehung bedeutsame) Sensibilität für die besondere Sprachform und die Struktur von Geschichten.

Tipps für die Umsetzung in die Praxis

- Zwei Zwerge – einfach selbst hergestellte Finger- oder Handpuppen – begleiten stets das Begrüßungsritual, den Dialog zwischen Tick und Tock.
- Dieses Projekt kann mit eigenen Tierliedern und entsprechenden Spielideen ergänzt werden.
- Andererseits kann das Projekt gekürzt werden, indem einzelne Angebote weggelassen werden.
- Einzelne Lieder oder Projekte können situationsorientiert ausgewählt werden.

Das Projekt auf einen Blick

1. Spiel- und Förderangebot: Tick und Tock, die Schnecke und der Hahn und die Hühner
2. Spiel- und Förderangebot: Tick und Tock, die Schnecke und die Kuh
3. Spiel- und Förderangebot: Tick und Tock, die Schnecke und der Traktor Tukutuk
4. Spiel- und Förderangebot: Tick und Tock, die Schnecke und die Ente
5. Spiel- und Förderangebot: Tick und Tock, die Schnecke und das Schwein

Förderschwerpunkte

- Wiederholung ist das methodische Grundprinzip des Rhythmikprojektes. Dadurch erhalten alle Kinder die Gelegenheit, Entwicklungsimpulse durch eine ganzheitliche Sprachförderung zu erhalten. Dies ist besonders für Kinder mit Deutsch als Zweitsprache geeignet.
- Zahlreiche Spielvarianten zu den Liedern geben den Kindern Anlässe, aus der

Rhythmikprojekte zur Sprachförderung

Sicherheit der Wiederholung neue motorische und soziale Erfahrungen zu machen.
- Häufige Sprachanlässe vergrößern den aktiven Wortschatz, das Sprachverständnis und das Wissen über die Tiere.
- Die Förderung des Gedächtnisses, des seriellen Denkens und der Sprachfreude durch das sprachliche Wiederholen der Geschichte, ergänzt durch die Spiellieder, Rollenspiele und Instrumentalspiel.
- Viele Handgestenspiele und rhythmische Spielreime in Feinmotorik aktivieren das phonologische Bewusstsein und das Sprachzentrum im Gehirn.
- Umsetzung von charakteristischem Aussehen und Bewegungen der Tiere in Bewegung und die Zuordnung von Klängen.
- Förderung der Vernetzung und des Zusammenspiels der Hirnhälften durch Überkreuzbewegungen, zum Beispiel beim Spiellied: Schnick-Schnack-Schnecke, S. 118.
- Emotionale Kompetenz und Symbolspiel wie zum Beispiel beim Lied: Das Entenlied, als Rollenspiel, S. 138.

1. Tick und Tock, die Schnecke und der Hahn und die Hühner

Material
- Bilderbuch zum Thema Bauernhof, Sitzmatten, Seile für jedes Kind, grüne Chiffontücher, ein Schlägel, zwei rote Tücher, zwei Finger- oder Handpuppen als Zwerge, großer Karton o. Ä. als Schneckenhaus

Instrumente
- Triangel, Becken, Rassel, Klangschale

Zur Einstimmung: Impulsgespräch
Die Kinder sitzen im Kreis. Die Erzieherin fragt: „Wer war schon einmal auf einem Bauernhof?" „ Welche Tiere gibt es da?"
Des Weiteren: „Leben dort auch Zwerge?" „Wer hat schon mal einen Zwerg gesehen?" „Gibt es auf dem Bauernhof auch Schnecken?"
Ein Bauernhofbilderbuch regt die Kinder zu sprachlichen Äußerungen an.

Tick und Tock auf dem Bauernhof

Sprachliche Überleitung: „Begrüßung durch Tick und Tock"
Zwei Zwerge als Finger- oder Handpuppen begrüßen die Kinder. Ihre Namen sind Tick und Tock.

Tick: „Einen wunderschönen guten Tag wünschen wir! Ich bin Tick."
Tock: „Und ich bin Tock."
Tick: „Wir wohnen ganz versteckt in der hintersten Ecke auf dem Bauernhof. Dort steht unser Wichtelhaus. Wir haben es sehr gemütlich dort."
Tock: „Kaum, dass die Sonne morgens lacht, stehen wir auf, trinken ein paar Tropfen Tau, setzen die Zwergenmützen auf, ziehen die Zwergenstiefel an und dann geht's raus aus dem Wichtelhaus."
Tick: „Jeden Morgen besuchen wir unsere Freundin, die Schnecke Mila. Kennst du Mila? Nein? Möchtest du, dass wir dir unsere Freunde auf dem Bauernhof zeigen? Ja? Dann komm mit."

Sprachspiel: Tick und Tock und die Schnecke
Die Erzieherin spricht folgenden Reim und führt mit den Daumen die nebenstehenden Bewegungen durch.

Ganz versteckt im Bauerngarten,

Mit den Händen in Brusthöhe ein Dach bilden. Die Daumen als „Tick und Tock" sind unter dem Dach.

die zwei können's kaum noch erwarten.

„Tick und Tock" zappeln erwartungsvoll.

Kaum, dass die Sonne wieder lacht,

Die Hände mit gespreizten Fingern als Sonne langsam bis über den Kopf steigen lassen.

haben sie sich auf den Weg gemacht.

*Rasch die Hände wieder herunternehmen und die Daumen strecken.
Leichte Auf- und Ab-Bewegungen als Gehen ausführen.*

Das Wichtelhaus steht in der Ecke,
ganz nahe wohnt dabei die Schnecke.
– „Guten Morgen, liebe Schnecke!"

Synchron im Sprechrhythmus die Daumenspitzen bewegen.

Die Erzieherin legt die Fingerpuppen beiseite.

Rhythmikprojekte zur Sprachförderung

Lied: Schnick-Schnack-Schnecke

– *als Handgestenspiel*
Die Kinder formen mit ihrer rechten oder linken Hand eine Schnecke. Dabei berühren sich Daumen, Mittel- und Ringfinger. Der kleine Finger und der Zeigefinger können als Schneckenfühler gestreckt werden. Die „Schnecke" ruht auf dem Oberschenkel.

Refrain:
Schnick-Schnack-Schnecke,
kommt nicht schnell vom Flecke.

Sehr langsam die Schnecke auf dem Oberschenkel nach vorne schieben.

1. Ei, die kleine Schnecke,
kriecht aus ihrer Ecke.

Die Schnecke kriecht weiter.

Ach, wie langsam sie doch ist
und am liebsten Blätter frisst.

Die Schnecke bleibt stehen und frisst, indem die Fingerspitzen kleine Fressbewegungen machen.

Tick und Tock auf dem Bauernhof

Refrain:
Schnick-Schnack-Schnecke ...   *wie oben*

2. Und der kalte Regen
ist für sie ein Segen.
Wenn es regnet Tag für Tag,
ist es so, wie sie es mag.

Die andere Hand mit zappelnden Fingern von oben nach unten bewegen (Regen). Die Fingerspitzen (Regentropfen) tippen leicht auf die Schneckenhand, die Fühler wackeln freudig.

Refrain:
Schnick-Schnack-Schnecke ...   *wie oben*

3. Dann macht sie ein Päuschen
in dem Schneckenhäuschen,
kuschelt sich und macht sich klein,
möchte ganz allein sein.

Die Schnecke macht sich klein, indem die Hand langsam zur Faust wird. Dann wird die andere Hand als Schneckenhaus auf den Handrücken gelegt.

Spielvarianten
1. **Wiederholung mit Handwechsel:** Das Lied wird mit der anderen Hand als Schnecke durchgeführt.
2. **Als Spiellied:** Die Kinder legen sich bäuchlings auf den Boden. Gemeinsam wird das Lied gesungen und die entsprechenden Bewegungen durchgeführt.
Strophe 1: Die Kinder kriechen zu Blättern (grüne Chiffontücher oder Ähnliches) und „fressen" diese.
Strophe 2: Die Erzieherin klopft Regentropfen mit einem Schlägel zart auf den Rücken der Kinder.
Strophe 3: Die Kinder rollen sich ein.

Ruhephase und Übergang: Seile austeilen
Die Erzieherin legt jedem Kind ein Seil auf den Rücken. Spielt sie einen Klang auf dem Triangel, so öffnen die „Schnecken" die Augen und greifen nach dem Seil.

Experimentierphase mit Seilen: Schnecken legen
Jedes Kind legt mit seinem Seil eine Schnecke (Umriss einer Schnecke oder eine Schneckenform).

Rhythmikprojekte zur Sprachförderung

Lied: Schnick-Schnack-Schnecke, mit Schneckenhaus
Alle Kinder legen eine Seilschnecke (Spiralform). Dann legen sie sich auf den Bauch und die Erzieherin legt die Seilschnecke als Schneckenhaus auf den Rücken des Kindes.
Das Lied wird gesungen und die Kinder bewegen sich dazu im Raum (siehe oben, 2. Spielvariante).

Sprachliche Überleitung mit „Tick und Tock und die Schnecke Mila"

Die Erzieherin gestaltet das Gespräch mit den Fingerpuppen auf Zeigefinger und Mittelfinger. Die Schnecke kann einfach mit der zur Schnecke geformten anderen Hand gespielt werden.

Tick: „Schau Tock, schau Mila! Der Hahn steht auf dem Mist und fängt gleich an zu krähen."
Tock: „Stimmt, das wollen wir uns nicht entgehen lassen."
Schnecke Mila: „Bestimmt kommen gleich die Hühner aus dem Stall! Ich krieche so schnell ich kann, damit wir allen zusammen guten Morgen sagen können."

Sprachspiel: Tick und Tock und der Hahn
Die Erzieherin spricht folgenden Reim und führt mit den Daumen (ohne Fingerpuppen) die nebenstehenden Bewegungen durch.

„Kikeriki!", kräht der Hahn auf dem Mist, weil die Nacht schon zu Ende ist.	*Eine Hand mit gespreizten Fingern als Hahnenkamm auf den Kopf setzen und krähen.*
„Kikerikiiie!", „Kikerikiiie!" – „Guten Morgen, lieber Hahn!"	*Die Daumenspitzen als Tick und Tock synchron im Sprechrhythmus bewegen.*

Tick und Tock auf dem Bauernhof

Lied: „Kikeriki!" kräht der Hahn auf dem Mist

– *als Spiellied*
Die Kinder stehen im Raum verteilt auf einem Bein. Eine Hand mit gespreizten Fingern als Hahnenkamm auf den Kopf setzen.

1. „Kikeriki!", kräht der Hahn auf dem Mist, weil die Nacht schon zu Ende ist. „Kikeriki!", kräht der Hahn noch einmal II: und es kommen alle Hühner aus dem Stall. :II

Auf einem Bein stehen.

Im leicht abgesetzten Laufstil stolzieren alle als Hühner und Hähne herum.

2. „Kikeriki!", kräht der Hahn immer wieder und er kräht mit den Vögeln Morgenlieder. „Kikeriki!", kräht der Hahn. „Sei doch still!", II: ruft der Bauer, weil er weiterschlafen will. :II

Bei „Sei doch still!", abrupt stehen bleiben und ärgerlich als Bauer die Hände in die Hüften stemmen.

Rhythmikprojekte zur Sprachförderung

Variante
Ein Kind ist der Hahn, die anderen sind die Hühner, die sich noch im Hühnerstall (Ecke des Raumes) befinden. Wird das Ende der ersten Strophe gesungen, kommen alle Hühner aus dem Stall. Mehrmals, auch nur mit der ersten Strophe, mit Rollentausch wiederholen.

Bewegungsspiel mit Reim: Die Hühner picken Körner weg
Die Kinder bilden vor dem Mund mit ihren Händen einen Schnabel und führen folgende Bewegungen dazu aus:

Die Hühner picken Körner weg. Pick-pick-pick-pick-pick. Sie gehen an einen anderen Fleck. Pick-pick-pick-pick-pick. Und picken hier die Körner weg.	*Die Kinder bewegen sich als pickende Hühner, dabei bei „Pick-pick-..." im Sprachrhythmus Pickbewegungen mit dem Schnabel (Hände) durchführen.*
Sie hören etwas fallen und laufen hungrig hin. „Gag-gaag-gag-gag-gaag!" Sie scharren mit den Krallen, „Wo sind die Körner hin?"	*Die Spielleitung lässt eine Rassel auf den Boden fallen. Die „Hühner" laufen eilig dorthin und gackern.* *Sie scharren mit den Krallen (Hände).*

Spielvariante
Jedes Kind nimmt sich zwei Klanghölzchen aus dem Sitzkreis. Der Reim wird nun gemeinsam gesprochen und bewegt, dabei werden die Klanghölzchen als Schnabel vor den Mund gehalten.

Ausklang und Verabschiedung
Die Kinder sitzen im Kreis. Das Lied „Schnick-Schnack-Schnecke" wird als Handgestenspiel durchgeführt.

Es folgt ein Abschlussklang mit der Klangschale.

Tick und Tock auf dem Bauernhof

2. Tick und Tock, die Schnecke und die Kuh

Material
- Sitzmatten, Seile zum Abgrenzen des Wichtelhauses, zwei Finger- oder Handpuppen als Zwerge

Instrumente
- Klanghölzchen, Handtrommel, Metallophon oder Six-Flat, Triangel, Becken, Flötenkopf oder Flex-A-Tone, Klangschale

Zur Einstimmung: Impulsgespräch
Die Kinder sitzen im Kreis. Tick und Tock begrüßen die Kinder und fragen: „Wen haben wir letztes Mal auf dem Bauernhof neu kennengelernt?"

Fortbewegungsarten: Tick und Tock und die Tiere – Wer läuft hier?
Die Erzieherin improvisiert auf verschiedenen Instrumenten Fortbewegungsarten.

Tick und Tock: *auf dem Metallophon oder Six-Flat spielen*
Schnecke: *über die Handtrommel streichen oder: auf der Lotus-Flöte/dem Flötenkopf langgezogene Töne erzeugen oder: auf einem Flex-A-Tone gedehnte Töne spielen.*
Hühner/Hahn: *mit den Klanghölzchen rasch spielen.*

Die Kinder bewegen sich dazu und raten dann erst, wer es ist.

Spielvariante
Die Instrumente sind an drei Kinder verteilt. Ein viertes gibt über das Streichen am Rücken die Spieleinsätze. Die anderen Kinder reagieren mit entsprechenden Bewegungen. Wiederholung mit Rollentausch.

Sprachspiel: Tick und Tock und die Schnecke (S. 117)

Lied: Schnick-Schnack-Schnecke, als Handgestenspiel (S. 118f.)

Sprachspiel: Tick und Tock und der Hahn (S. 120)

Rhythmikprojekte zur Sprachförderung

Lied: Kräht der Hahn auf dem Mist, als Spiellied (S. 121)

Bewegungsspiel mit Reim: Die Hühner picken Körner weg – mit Klanghölzchen (S. 122)

Sprachliche Überleitung mit „Tick und Tock und die Schnecke Mila"

Die Erzieherin gestaltet das Gespräch mit den Fingerpuppen auf Zeigefinger und Mittelfinger. Die Schnecke kann einfach mit der zur Schnecke geformten anderen Hand gespielt werden.

Tick: „Ach macht das Spaß, dem Picken und Scharren der Hühner zuzusehen."
Tock: „Und das Gackern der Hühner und laute Krähen des Hahnes ist besonders lustig."
Schnecke Mila: „Hört ihr das Muhen aus dem Stall?"
Tock: „Vielleicht gibt uns die Kuh Lene wieder etwas von ihrer guten Milch zum Frühstück."

Sprachspiel: Tick und Tock und die Kuh

Die Erzieherin spricht folgenden Reim und führt mit den Daumen (ohne Fingerpuppen) die nebenstehenden Bewegungen durch.

Und mit großem lauten Schall, dröhnt das Muhen aus dem Stall. „Muuh-muhh!" – „Guten Morgen, liebe Kuh!"	*Die Hände als Schalltrichter vor den Mund halten und muhen.* *Die Daumenspitzen als Tick und Tock synchron im Sprechrhythmus bewegen.*

Tick und Tock auf dem Bauernhof

Lied: Lene heißt die braune Kuh

– *als Spiellied*
Die Kinder gehen im Raum umher und halten ihre zu Hörnern geformten Hände seitlich an den Kopf. Gemeinsam wird das Lied gesungen und bewegt. Der Charakter des Liedes ist ruhig und behäbig (Fortbewegungsart Schreiten).

Refrain:
Lene heißt die braune Kuh,
macht am liebsten: „Muh-muh-muh!"

Breitbeinig durch den Raum tappen, dabei die Hände als Hörner seitlich am Kopf halten.

1. Braune Augen hat sie auch
und noch einen dicken Bauch.
Refrain ...

Sich auf die Augen zeigen. Mit den Armen einen dicken Bauch andeuten.
wie oben

2. Hörner hat sie auf dem Kopf
und ihr Schwanz ist wie ein Zopf.
Refrain ...

Die Hörner zeigen.
Mit dem imaginären Schwanz wackeln.
wie oben

3. Läuft so gerne auf der Wiese,
ihre Freundin, die heißt Liese.
Refrain ...

Etwas schneller singen und bewegen.
Sich eine andere „Kuh" suchen.
wie oben

Rhythmikprojekte zur Sprachförderung

4. Gras frisst sie den ganzen Tag, weil sie das so gerne mag. **Refrain ...**	*Sich nach unten beugen und imaginäres Gras fressen.* *wie oben*
5. Ihre Milch ist immer frisch, steht oft bei uns auf dem Tisch. **Refrain ...**	*An einem imaginären Euter melken. Mit der Hand einen Becher formen und sich dann den Bauch genüsslich reiben.* *wie oben*
6. Abends geht sie dann zur Ruh und macht ihre Augen zu. **Refrain ...**	*Sich hinlegen und die Augen schließen.* *wie oben*

Sprachliche Überleitung mit „Tick und Tock und die Kuh Lene"

Die Erzieherin gestaltet das Gespräch mit den Fingerpuppen auf Zeigefinger und Mittelfinger. Den Part der Kuh Lene mit gemächlicher, tiefer Stimme sprechen.

Tick: „Hallo Lene! Dürfen wir wieder etwas frische Milch in unseren Eimer melken?"
Tock: „Ein Frühstück wird erst durch deine Milch so richtig lecker!"
Kuh Lene: „Na klar! Stellt euren Wichteleimer unter mein Euter und zieht an den Zitzen!"
Tick: „Vielen Dank!"
Kuh Lene: „Aber beeilt euch! Wenn der Bauer kommt, müsst ihr sofort verschwinden. Der mag es nicht, wenn ich meine Milch verschenke."

Tick und Tock stellten ihren mitgebrachten Wichteleimer unter Lenes Euter und melkten mit behänden Fingern. Das sah schön aus, wie die weiße Milch in den Wichteleimer spritzte.

Großes Darstellendes Spiel: Von der Schnecke bis zur Kuh

Zwei Kinder verkleiden sich mit roten Kopftüchern als Tick und Tock. Ein Kind ist die Schnecke Mila, der ein großer Karton als Schneckenhaus auf den Rücken gelegt wird. Des Weiteren gibt es noch den Hahn und viele Hühner. In einer Ecke des Raumes werden mit Seilen die Umrisse eines Wichtelhauses gelegt, in

Tick und Tock auf dem Bauernhof

das sich Tick und Tock hineinstellen. Sie fassen sich an die Hände. Die übrigen als Tiere verkleideten Kinder stellen sich in einem weitläufigen Kreis im Raum auf.

Sprachspiel: Tick und Tock und die Schnecke
Gemeinsam wird der Reim gesprochen und Tick und Tock spielen Folgendes:

Ganz versteckt im Bauerngarten, können's zwei kaum noch erwarten.	*„Tick und Tock" schauen erwartungsvoll.*
Kaum, dass die Sonne wieder lacht, haben sie sich auf den Weg gemacht.	*Sie treten vor ihr Haus.*
Das Wichtelhaus steht in der Ecke, ganz nahe wohnt dabei die Schnecke.	*Sie gehen zur Schnecke Mila.*
– „Guten Morgen liebe Schnecke!"	*Sie verneigen sich vor der Schnecke und begrüßen sie.*

Lied: Schnick-Schnack-Schnecke, als Spiellied (S. 119)
Die Kinder singen das Lied und die Schnecke bewegt sich entsprechend dazu.

Sprachlicher Übergang
Tick und Tock gehen zum Hahn und zu den Hühnern.

– „Guten Morgen, lieber Hahn!"	*Sie verneigen sich vor dem Hahn und begrüßen ihn.*
– „Guten Morgen, liebe Hühner!"	*Sie verneigen sich vor den Hühnern und begrüßen sie.*

Lied: Kräht der Hahn auf dem Mist, als Spiellied (S. 121)
Die Kinder singen das Lied und der Hahn und die Hühner bewegen sich an den entsprechenden Stellen der Strophe dazu.

Bewegungsspiel mit Reim: Die Hühner picken Körner weg (S. 122)
Die Kinder sprechen den Reim und die Hühner bewegen sich entsprechend dazu.

Rhythmikprojekte zur Sprachförderung

Sprachspiel: Tick und Tock und die Kuh
Tick und Tock gehen zur Kuh.

Und mit großem lauten Schall, dröhnt das Muhen aus dem Stall. „Muuh-muhh!" – „Guten Morgen, liebe Kuh!"	*Die Hände als Schalltrichter vor den Mund halten und muhen.* *Sie verneigen sich vor der Kuh und begrüßen sie.*

Lied: Lene, heißt die braune Kuh (S. 125)
Die Kinder singen das Lied und die Kuh bewegt sich dazu.
Variante
Alle Kinder bewegen sich als Kuh zum Lied.

Ausklang und Verabschiedung
Die Kinder sitzen im Kreis. Das Lied: Lene heißt die braune Kuh wird am Platz durchgeführt, indem die Gehbewegungen mit den Füßen auf den Boden stampfend ausgeführt werden. Es folgt ein Abschlussklang mit der Klangschale.

3. Tick und Tock, die Schnecke und der Traktor Tukutuk

Material
- Sitzmatten, Seile zum Abgrenzen des Wichtelhauses, zwei Finger- oder Handpuppen als Zwerge

Instrumente
- Klanghölzchen, größere Trommel für die Kuh, Handtrommeln, Metallophon oder Six-Flat, Flötenkopf oder Flex-A-Tone, Trommeln, Raspeln, Klangschale

Zur Einstimmung: Impulsgespräch
Die Kinder sitzen im Kreis. Tick und Tock begrüßen die Kinder und fragen: „Wen haben wir letztes Mal auf dem Bauernhof neu kennengelernt?"

Tick und Tock auf dem Bauernhof

Fortbewegungsarten: Tick und Tock und die Tiere – Wer läuft hier?
Die Erzieherin improvisiert auf verschiedenen Instrumenten Fortbewegungsarten.

Tick und Tock: *auf dem Metallophon oder Six-Flat.*
Schnecke: *über die Handtrommel streichen oder auf der Lotusflöte oder auf dem Flötenkopf langgezogene Töne erzeugen.*
Hühner/Hahn: *mit den Klanghölzchen rasch spielen.*
Kuh: *langsame und kräftige Schläge auf einer größeren Trommel.*

Die Kinder bewegen sich dazu und raten dann erst, wer es ist.

Spielvariante
Die Instrumente sind an vier Kinder verteilt. Ein fünftes gibt über das Streichen am Rücken die Spieleinsätze. Die anderen Kinder reagieren mit entsprechenden Bewegungen. Wiederholung mit Rollentausch.

Ist das Spiel zu Ende, setzen sich alle in den Sitzkreis zurück.

Sprachspiel: Tick und Tock und die Schnecke (S. 127)

Lied: Schnick-Schnack-Schnecke (S. 118)

– *als Handgestenspiel*

Sprachspiel: Tick und Tock und der Hahn (S. 120)

Lied: „Kikeriki!" kräht der Hahn auf dem Mist (S. 121)

– *als Spiellied*

Bewegungsspiel mit Reim: Die Hühner picken Körner weg (S. 122)

Sprachspiel: Tick und Tock und die Kuh (S. 124)

Rhythmikprojekte zur Sprachförderung

Lied: „Lene, heißt die braune Kuh" (S. 125)

– als Spiellied

Sprachliche Überleitung mit „Tick und Tock und die Schnecke Mila"

Die Erzieherin gestaltet das Gespräch mit den Fingerpuppen auf Zeigefinger und Mittelfinger. Die Kuh wird mit der anderen Hand gespielt, indem Daumen, Mittel- und Ringfinger zusammengeführt und als Kuhhörner Zeigefinger und kleiner Finger leicht gebogen nach oben gestreckt werden.

Traktor: „Tuk-tuk-tuk-tuk-tuk ...."
Tick: „Hört ihr das auch?"
Tock: „Ja, das ist der Traktor vom Bauern."
Tick: „Bis morgen liebe Kuh Lene."
Kuh Lene: „Bis morgen ..."

Sprachspiel: Tick und Tock und der Traktor Tukutuk

Die Erzieherin spricht folgenden Reim und führt mit den Daumen (ohne Fingerpuppen) die nebenstehenden Bewegungen durch.

Der Traktor, er heißt Tukutuk und steht ganz groß hinter dem Stall. Den Berg hinauf, den Berg hinunter, du hörst ihn überall.	*Mit einem imaginären Lenkrad lenken und durch den Raum „fahren". Nach hinten beugen und „hochfahren", nach vorne beugen und herunterfahren.*
– „Guten Morgen, Herr Bauer!"	*Lauschgeste. Die Daumenspitzen als Tick und Tock synchron im Sprechrhythmus bewegen.*

Tick und Tock auf dem Bauernhof

Lied: Mein Traktor Tukutuk

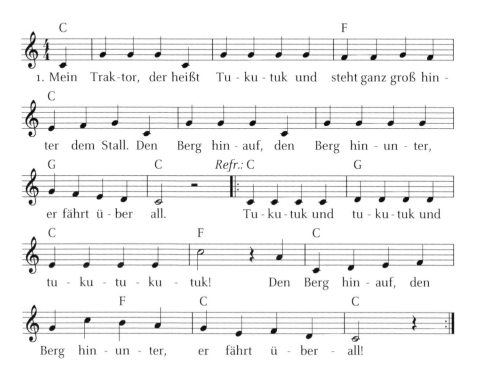

– *als Spiellied*
Die Kinder gehen zu zweit zusammen. Ein Kind ist der „Traktor Tukutuk", das andere der Bauer oder die Bäuerin. Das Kind, welches den Traktor spielt, hält einen kleinen Reifen oder eine Trommel als „Lenkrad" in der Hand. Das Lied gemeinsam singen und die folgenden Bewegungen dazu durchführen.

1. Mein Traktor, der heißt Tukutuk, und steht ganz groß hinter dem Stall. Den Berg hinauf, den Berg hinunter, er fährt überall.

Bewundernd um den „Traktor" herumgehen. Die Hand als Schwamm reibt ihn ab. Sich hinter den Traktor stellen. Den „Zündschlüssel" (Zeige- und Mittelfinger) am Traktor umdrehen und die Hände auf die Schultern legen.

Rhythmikprojekte zur Sprachförderung

Refrain:
II: Tuku-tuk und tuku-tuk und tuku-tuku-tuk! Den Berg hinauf, den Berg hinunter,
er fährt überall. :II

Losfahren (im Schritt gehen).

2. Im Kreis fahr ich mit Tukutuk, im Zick-Zack und geradeaus.
Auch rückwärts fahr ich ganz geschickt.
Achtung, hier steht ein Haus!

Im Kreis herumgehen.
Kurz im Zick-Zack, dann geradeaus und rückwärts gehen.
Stehen bleiben.

Refrain:
II: Tuku-tuk und tuku-tuk und tuku-tuku-tuk!
Auch rückwärts fahr ich ganz geschickt.
Achtung hier steht ein Haus! :II

Langsam rückwärts gehen und etwas schneller werden.
Weiter rückwärts gehen.
Stehen bleiben.

3. Der Hänger ist mit Weizen voll.
Auch mal mit Stroh und mal mit Heu.
Mit Leichtigkeit schleppt Tukutuk
Und läuft als wär' er neu.

Bauer/Bäuerin beschreibt mit einer großen runden Armbewegung den Hänger im Rücken des Traktors.
Leicht auf die Schulter des „Traktors" klopfen.

Refrain:
II: Tuku-tuk und tuku-tuk und tuku-tuku-tuk!
Mit Leichtigkeit schleppt Tukutuk
Und läuft als wär' er neu. :II

Sehr langsam losgehen und dann immer schneller werden.
Singen und gehen.

Den Traktor pfleg ich mit viel Öl,
dann fährt er wie ein Wiesel.

Der Traktor bleibt stehen. Die Finger des Bauern bilden ein Ölkännchen. Fingerspitzen auseinander- und zusammenführen und stimmlich mit „pfft" begleiten. Damit wird der Traktor an verschiedenen Stellen „geölt".

Tick und Tock auf dem Bauernhof

Und denkt euch nur, er frisst nicht Hafer, aber er tankt Diesel.	*Fresshand vor den „Traktor" halten. Den Kopf, Arm und Hand als Tankschlauch an die Seite des Traktors halten und stimmlich Füllgeräusch nachahmen (Schschsch ...).*
Refrain: II: Tuku-tuk und tuku-tuk und tuku-tuku-tuk! Und denkt euch nur, er frisst nicht Hafer, aber er tankt Diesel. :II	*Losgehen und beliebige Wege mit dem Traktor „fahren".*

Großes Instrumentalspiel: „Tick und Tock auf dem Bauernhof"

Die Kinder sitzen im Kreis. In der Kreismitte sind Six-Flat/Metallophon, Trommeln, Klanghölzchen, Raspeln ausgebreitet. Mit den Kindern wird gemeinsam besprochen, welches Instrument und welche Spielweise zu den Tieren Schnecke, Hahn, Hühner, Kuh und den Zwergen passen könnten. Dann werden die Instrumente verteilt.

Als Übergang von einem Lied zum anderen wird der Reim des jeweiligen Sprachspiels gesprochen. Vorschläge zur Ausführung:

Sprachspiel: Tick und Tock und die Schnecke (S. 117)

Lied: Schnick-Schnack-Schnecke (S. 118)

– mit Handtrommeln

Die Kinder mit den Handtrommeln spielen auf unten beschriebene Weise. Die anderen Kinder führen die Handgesten dazu aus.

Refrain: Schnick-Schnack-Schnecke, kommt nicht schnell vom Flecke.	*Zart im Liedrhythmus auf die Trommeln schlagen.*
1. Ei, die kleine Schnecke kriecht aus ihrer Ecke.	*Langsam über das Trommelfell streichen. Mit den Fingerspitzen kleine Bewegungen auf dem Trommelfell machen.*

Rhythmikprojekte zur Sprachförderung

Ach, wie langsam sie doch ist
und am liebsten Blätter frisst.

Refrain:
Schnick-Schnack-Schnecke,   *wie oben*
kommt nicht schnell vom Flecke.

2. Und der kalte Regen   *Den Regen mit Fingertremolo hörbar*
ist für sie ein Segen.   *machen.*
Wenn es regnet Tag für Tag,
ist es so, wie sie es mag.

Refrain:
Schnick-Schnack-Schnecke,   *wie oben*
kommt nicht schnell vom Flecke.

3. Dann macht sie ein Päuschen   *Mit den Fingerspitzen eine Schnecke*
in dem Schneckenhäuschen,   *formen. Von außen nach innen auf dem*
kuschelt sich und macht sich klein,   *Trommelfell reiben.*
möchte ganz allein sein.   *Hand bleibt als Faust in der Mitte liegen.*

Sprachspiel: Tick und Tock und der Hahn (S. 120)

Lied: „Kikeriki!" kräht der Hahn auf dem Mist (S. 121)

– mit Raspeln
Einige Kinder haben eine Raspel (Guiro, Raspelfrosch oder Ähnliches) in der Hand und einen Reibestab in der anderen. Die anderen spreizen die Finger einer Hand und setzen sich die Hand auf den Kopf. Spielvorschlag mit Raspeln:

1. „Kikeriki!", kräht der Hahn auf dem Mist   *Im Sprechrhythmus von „Kikeriki"*
weil die Nacht schon zu Ende ist.   *rasch reiben.*
„Kikeriki!", kräht der Hahn noch einmal   *ebenso*
II: und es kommen alle Hühner aus dem   *Einzeln Raspelabstände langsam*
Stall. :II   *nacheinander reiben (Gackern).*

Tick und Tock auf dem Bauernhof

2. „Kikeriki!", kräht der Hahn immer wieder
und er kräht mit den Vögeln Morgenlieder.
„Kikeriki!", kräht der Hahn. „Sei doch still!",
‖: ruft der Bauer, weil er weiterschlafen will. :‖

Im Sprechrhythmus von „Kikeriki" rasch reiben.

Ebenso. Bei „Sei doch still!" laut im Sprechrhythmus auf die Raspel klopfen.

Reim: Die Hühner picken Körner weg (S. 122)
Die Kinder mit den Klanghölzchen begleiten zum gemeinsam gesprochenen Reim im Sprechrhythmus.
Die anderen Kinder bilden mit ihren Händen einen Schnabel und spielen den Reim im Sitzen mit.

Sprachspiel: Tick und Tock und die Kuh (S. 124)

Lied: Lene, heißt die braune Kuh (S. 125)
Die Kinder mit den Trommeln begleiten das eher langsam gesungene Lied im Liedrhythmus. Die anderen Kinder führen die entsprechenden Gesten dazu aus.

Ausklang und Verabschiedung
Die Kinder sitzen im Kreis und haben ihre Instrumente in der Hand. Die Erzieherin bewegt über den Rücken jedes Kindes ihre Finger oder die Hand in einer charakteristischen Bewegung von Schnecke, Hahn/Henne und Kuh. Jedes Kind rät, welches Tier es ist und legt daraufhin sein Instrument in die Kreismitte.

Es folgt ein Abschlussklang mit der Klangschale.

Rhythmikprojekte zur Sprachförderung

4. Tick und Tock, die Schnecke und die Ente

Material
- Sitzmatten, zwei Finger- oder Handpuppen als Zwerge, Seile zum Abgrenzen des Wichtelhauses, Chiffontücher für Entenflügel, großes Tuch als Eihülle für die Küken, Seile (wahlweise ein umgedrehter runder Tisch, ein Riesenreifen oder ein kleines Trampolin) als Entennest

Instrumente
- Triangel, Becken, Klangschale

Zur Einstimmung: Impulsgespräch
Die Kinder sitzen im Kreis. Tick und Tock begrüßen die Kinder und fragen: „Wen haben wir letztes Mal auf dem Bauernhof neu kennengelernt?"

Sprachspiel: Tick und Tock und der Traktor Tukutuk (S. 130)

Lied: Mein Traktor Tukutuk, als Spiellied (S. 131)

Sprachliche Überleitung mit „Tick und Tock und die Ente"
Die Erzieherin gestaltet das Gespräch mit den Fingerpuppen auf Zeigefinger und Mittelfinger. Spricht die Ente, eine Hand als Schnabel vor den Mund halten und im Sprechrhythmus bewegen.

Tick: „Mmh, hat die Milch lecker geschmeckt!"
Tock: „Milch schmeckt mir jeden Tag!"
Schnecke: „Und mein leckeres grünes Blatt war auch köstlich."
Ente: „Quaaak-quak-quak-quaaak! Auch schon zur frühen Stunde unterwegs?"
Tick: „Ja, morgens ist die Welt immer so frisch und der Tau liegt noch auf den Blättern."
Tock: „Und wenn die Sonne scheint, dann glitzern die Tautropfen wie Edelsteine."
Ente: „Was ihr euch so alles den lieben langen Tag ausdenkt. Dafür habe ich keine Zeit! Ich muss weiter. Im Entenhaus liegen meine Eier und darauf muss ich sitzen und brüten."
Die Ente watschelt eilig weiter zum Teich. Dort im Entenhaus ist ihr Nest mit vielen Eiern.

Tick und Tock auf dem Bauernhof

Sprachspiel: Tick und Tock und die Ente

Die Erzieherin spricht folgenden Reim und führt mit den Daumen die nebenstehenden Bewegungen durch.

Quak, quak, quak, Entchen macht: „Quak-quak."	*Mit den Händen einen Schnabel vor dem Mund bilden und im Sprechrhythmus bewegen.*
– „Guten Morgen, liebe Enten!"	*Die Daumenspitzen als Tick und Tock synchron im Sprechrhythmus bewegen.*

Lied: Das Entenlied

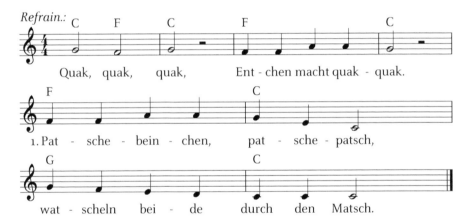

– *als Spiellied*
Die Kinder bewegen sich mit watschelndem Gang durch den Raum. Die Hände bilden einen Schnabel, der sich beim Quaken entsprechend öffnet und schließt.

Refrain:

Quak, quak, quak, Entchen macht quak-quak.	*Schnabel öffnet sich dreimal. Schnabel im Liedrhythmus öffnen.*
1. Patschebeinchen, patsche-patsch, watscheln beide durch den Matsch.	*Patschend umherwatscheln.*

Rhythmikprojekte zur Sprachförderung

Refrain: ... *wie oben*

2. Schwimmt nun auf den Teich hinaus,
dort steht auch das Entenhaus.

Mit den Händen rasche Paddelbewegungen von Entenbeinen nachahmen.

Refrain: ... *wie oben*

3. Taucht das Köpfchen tief hinab,
reißt sich ein paar Blätter ab.

Kopf mit Schnabel (Hände) nach unten beugen und imaginäre Pflanzen abreißen.

Refrain: ... *wie oben*

4. Setzt sich dann ins Entenhaus,
brütet viele Eier aus.

Sich im Kniesitz hinsetzen und das Nest putzen und begutachten.

Refrain: ... *wie oben*

5. Bald piepst es im Entenhaus,
alle Küken schlüpfen aus.

Piepsen, umherlaufen.

Refrain: ... *wie oben*

6. Ruhe ist im Entennest,
alle Küken schlafen fest.

Sich mit Schlafgeste hinsetzen.

Das Entenlied als Rollenspiel

Mit Tüchern wird ein Kreis mit Seilen (wahlweise auch ein umgedrehter Tisch, ein Riesenreifen oder ein kleines Trampolin) als Entennest ausgekleidet. Die Kinder teilen sich nun in zwei Gruppen, die Enteneltern und die Küken im Ei. Die Küken im Ei setzen sich ins Entennest und machen sich so klein wie möglich. Ein größeres Tuch wird nun als Eihülle über die Küken gelegt, so dass alle Küken bedeckt sind.

Die Enteneltern spielen nun das Lied wie oben im Spiellied. Bei der Strophe vier knien sie sich hin und legen ihre Arme über die Küken (ausbrüten).
Bei Strophe fünf schlüpfen die Küken piepsend aus dem Haus.

Tick und Tock auf dem Bauernhof

Die sechste Strophe wird weggelassen, da die „Bewegungsfreude" der Küken zu groß ist, um gleich wieder schlafen zu gehen.

Hinweise:
– Als Flügel können sich die Kinder je ein Chiffontuch an den Armen befestigen.
– Für dieses Spiel sollte ein längerer Zeitrahmen (ca. 10 Min.) eingeplant werden, da es erfahrungsgemäß mehrmals mit getauschten Rollen gespielt wird.

Großes Darstellendes Spiel: Von der Schnecke bis zur Ente

Die Rollen werden verteilt wie beim gleichnamigen Spiel: Von der Schnecke bis zur Kuh (S. 126). Der Ablauf ist identisch.
Zusätzlich werden noch das Lied: Mein Traktor Tukutuk (S. 131), das Lied: „Kikeriki!" kräht der Hahn auf dem Mist (S. 134) und das „Entenlied" (S. 137) gespielt.

Sprachlicher Übergang

Tick und Tock gehen zur Ente und ihren Küken im Nest.

– „Guten Morgen, liebe Ente!"   *Sie verneigen sich vor der Ente und begrüßen sie.*
– „Guten Morgen, liebe Küken!"   *Sie verneigen sich vor den Küken und begrüßen sie.*

Lied: Das Entenlied, als Spiellied (S. 137)

Die Kinder singen das Lied und die „Enten und Küken" stellen das Spiellied dar.

Ausklang und Verabschiedung

Die Kinder sitzen im Sitzkreis. Die Erzieherin fragt die Kinder, die Tick und Tock gespielt haben, ob sie schon wissen, welches Tier sie beim nächsten Mal besuchen werden. Es folgt ein gemeinsames Gespräch darüber und zuletzt ein Abschlussklang mit der Klangschale.

Rhythmikprojekte zur Sprachförderung

5. Spiel- und Förderangebot: Tick und Tock, die Schnecke und das Schwein

Material
- Sitzmatten, Seile zum Abgrenzen des Wichtelhauses, zwei Finger- oder Handpuppen als Zwerge

Instrumente
- Rührtrommel, Sen-plates oder Klangbausteine, Becken und Schlägel, Regenmacher oder Klanghölzchen, Rasseln, Klangschale

Zur Einstimmung: Impulsgespräch
Die Kinder sitzen im Kreis. Tick und Tock begrüßen die Kinder und fragen: „Wen haben wir letztes Mal auf dem Bauernhof neu kennengelernt?"

Musikimprovisation: Welches Tier hörst du hier?
Die Erzieherin improvisiert auf Klangbausteinen, Flöte oder einer Trommel Fortbewegungsarten zu den bisher vorgestellten Tieren. Die Kinder bewegen sich dazu und raten.

Lied: Das Entenlied, als Spiellied (S. 137)

Sprachliche Überleitung mit „Tick und Tock und das Schwein"
Die Erzieherin gestaltet das Gespräch mit den Fingerpuppen auf Zeigefinger und Mittelfinger. Die Schnecke wird mit der anderen Hand gespielt. Für die Handfigur Schwein bilden der gestreckte Daumen, Mittel- und Ringfinger die Schnauze. Zeigefinger und kleiner Finger seitlich gestreckt als Ohren abspreizen.

Tick: „Ich brauch bald meinen Mittagsschlaf."
Tock: „Bald sind wir zu Hause. Es wird auch endlich Zeit. Wir sind fast den ganzen Tag unterwegs."
Schnecke Mila: „Schaut mal, da drüben läuft das kleine Schwein, das immer so viele lustige Ideen hat. Es kommt direkt durch das Schlammloch auf uns zugaloppiert!"

Tick und Tock auf dem Bauernhof

Tick: „Schnell in Deckung, bevor es uns mit Schlamm vollspritzt! So ein Schwein!"
(Mit den Händen auf die Oberschenkel patschen).
Schnecke Mila: „Oh ich bin voll mit Schlamm, weil ich nicht so schnell in Deckung gehen konnte."
Tock: „Am besten gehen wir nach Hause. Dann kommen wir an einer tiefen Pfütze vorbei, durch die du kriechen kannst."
Schnecke Mila: „Das ist eine gute Idee, dann bin ich im Nu wieder sauber."

Sprachlicher Übergang
Die Erzieherin spricht folgenden Reim und führt mit den Daumen (ohne Fingerpuppen) die nebenstehenden Bewegungen durch.

Ich bin ein kleines, liebes Schwein
und möcht' nicht gern alleine sein.
– „Guten Morgen, liebes Schwein!"   *Synchron im Sprechrhythmus die Daumenspitzen als Tick und Tock bewegen.*

Reim: Ich kleines, liebes Schwein, als Bewegungsspiel
Die Kinder und die Erzieherin bewegen sich zum Reim wie unten vorgeschlagen.

II: Ich bin ein kleines, liebes Schwein
und möcht' nicht gern alleine sein. :II   *Der Reim wird im Sprachrhythmus gesprochen. Die Kinder galoppieren durch den Raum und suchen andere „Schweine".*

II: Mit meinen Freunden – gar nicht dumm,
da tolle ich im Dreck herum. :II   *Alle hüpfen umher und necken sich.*

II: Am liebsten lauf ich hin und her,
durch Pfützen, Dreck und vieles mehr. :II   *Durch den Raum laufen und in imaginäre Pfützen springen.*

II: Wenn's regnet wird die Erde nass,
im Dreck zu suhlen macht dann Spaß! :II   *Alle legen sich auf den Boden und wälzen sich umher.*

Rhythmikprojekte zur Sprachförderung

II: Und kommt der Bauer: Aufgepasst – dann spritzen wir ihn klitschenass! :II	*Die Erzieherin geht als Bauer umher. Die „Schweine" spritzen sie mit (imaginärem) Wasser nass.*
Am Abend rollen wir uns froh, ins warme, kuschelige Stroh.	*Alle kuscheln sich zusammen.*

Reim: Ich kleines, liebes Schwein, als Klanggeschichte

Die Kinder sitzen im Kreis. Die Erzieherin legt in die Kreismitte verschiedene Instrumente und spielt sie an. Die Kinder raten, zu welchem Teil des Reimes die Klänge passen.

Die Instrumente können sein: Rührtrommel, Sen-plates oder Klangbausteine, Becken und Schlägel, Regenmacher oder Klanghölzchen, Rasseln.

II: Ich bin ein kleines, liebes Schwein und möcht' nicht gern alleine sein. :II	*Im Sprechrhythmus auf Sen-plates oder Klangbausteinen spielen.*
II: Mit meinen Freunden – gar nicht dumm, da tolle ich im Dreck herum. :II	*Alle spielen durcheinander.*
II: Am liebsten lauf ich hin und her durch Pfützen, Dreck und vieles mehr. :II	*Auf dem Becken schlagen.*
II: Wenn's regnet wird die Erde nass, im Dreck zu suhlen macht dann Spaß! :II	*Auf dem Regenmacher oder Tremolo auf den Klanghölzchen spielen.*
II: Und kommt der Bauer: Aufgepasst – dann spritzen wir ihn klitschenass! :II	*Mit den Rasseln „spritzen", mit der Rührtrommel rühren.*
Am Abend rollen wir uns froh, ins warme, kuschelige Stroh.	*Alle spielen sanft und leise.*

Großes Darstellendes Spiel: Von der Schnecke bis zum Schwein

Die Rollen werden verteilt wie beim gleichnamigen Spiel: Von der Schnecke bis zur Ente (siehe S. 139). Der Ablauf ist identisch.
Zusätzlich spielen alle Kinder am Schluss den Reim: „Ich kleines, liebes Schwein" (siehe oben).

Tick und Tock auf dem Bauernhof

Sprachlicher Übergang
Tick und Tock stellen sich in den Kreis und sprechen.
– „Guten Morgen, kleines Schwein!"   *Sie verneigen sich vor allen Kindern und begrüßen sie.*

Reim: Ich kleines, liebes Schwein, als Bewegungsspiel (S. 141f.)
Die Kinder sprechen den Reim und bewegen sich entsprechend dazu.

Sprachliche Überleitung mit „Tick und Tock und die Schnecke zu Hause"

Die Erzieherin gestaltet das Gespräch mit den Fingerpuppen auf Zeigefinger und Mittelfinger einer Hand. Die Schnecke wird mit der anderen Hand gespielt.

Tick: „Endlich sind wir wieder zu Hause."
Tock: „Es war aber heute ein besonders schöner Spaziergang."
Schnecke Mila: „Aber ich bin jetzt ganz müde und ruh mich in meinem Schneckenhaus aus."
Tick: „Bis morgen kleine Schnecke."
Schnecke Mila: „Bis morgen meine lieben Freunde."
Tock: „Komm Tick, wir setzen uns auf die Rübe vor unserem Wichtelhaus. Da habe ich eine Bank herausgeschnitzt."

Rhythmikprojekte zur Sprachförderung

Sprachspiel: Tick und Tock auf dem Bauernhof (Ende)
Die Erzieherin spricht folgenden Reim und führt mit den Daumen die nebenstehenden Bewegungen durch.

Tick und Tock, die sind ganz müde,	*Bei Tick und Tock jeweils mit der einen*
setzen sich auf eine Rübe.	*und der anderen Daumenspitze „nicken".*
Ruhen sich aus im Wichtelhaus	*Mit den Händen in Brusthöhe ein Dach*
und die Geschichte ist jetzt aus.	*bilden. Die Daumen als „Tick und Tock"*
	sind unter dem Dach.

Ausklang und Verabschiedung
Die Kinder sitzen im Sitzkreis. Es folgt ein gemeinsames Gespräch über die Zeit mit Tick und Tock und ihren Freunden auf dem Bauernhof. Zuletzt erfolgt ein Abschlussklang mit der Klangschale.

Rhythmikprojekte zur Sprachförderung

Die Kleckskönigin

(Idee nach Jutta Bauer: Die Königin der Farben, Verlag Beltz & Gelberg)
Die Welt der Farben wahrzunehmen und zu benennen ist ein wichtiger Schritt für jedes Kind, seine Welt in Worte zu fassen und um sich mit anderen zu verständigen.
Farben stehen im Mittelpunkt dieses Rhythmikprojektes zur Sprachförderung. Klecksfallala, die Königin von Klecksatonien, geht aber recht übermütig mit ihnen um ... Es fällt den Kindern leicht, sich in die Welt der Königin hineinzuversetzen: Auch sie lieben es, mit Farben zu malen und herumzupanschen und da passiert auch mal ein Missgeschick, so wie der Königin. In den Angeboten entstehen vielfältige Sprechanlässe, die den Wortschatz erweitern und die Kinder in ihrer Sprachfähigkeit, Sprechfreude und bei der Vernetzung ihrer Sinne fördern.

Altersstruktur
Dieses Rhythmikprojekt zur Sprachförderung ist für Kindergartenkinder ab knapp vier bis ca. acht Jahren geeignet.

Didaktische Hinweise
Die drei Angebote können ohne Probleme auf vier bis fünf erweitert werden, da es die Kinder lieben, die fantasievollen Spielformen zu wiederholen. Dabei kann immer eine Farbe im Mittelpunkt stehen.
Das Lied „Die Kleckskönigin" ist der musikalische Kern des Projekts und kann in einer Aufführung als Singspiel umgesetzt werden (siehe Angebot 3).

Tipps für die Umsetzung in die Praxis
– Das Thema Farben ist ein wichtiges Bildungsangebot in der frühen Kindheit. Es gibt vielfältige Kinderbücher zu diesem Thema und methodische Ideen, die mit dieser Geschichte von der Kleckskönigin ergänzt werden können (experimentieren mit Farben, mit Maltechniken, Gefühle malen etc.).
– Es bietet sich zu dieser Geschichte an, das Klecksen zu „kultivieren". Klecksbilder sind abstrakt und bunt und machen allen Kindern, egal ob sie gut oder schlecht mit dem Pinsel umgehen können, viel Spaß. Eine „Klecksbilder-Vernissage", bei der das Singspiel aufgeführt wird, wäre eine gelungene Abrundung für ein Farbenprojekt in der Einrichtung.

Die Kleckskönigin

– Die Verbindung der Farben zur Gefühlswelt ist subjektiv, da jeder Mensch, auch je nach Stimmung, andere Farben momentan bevorzugt. Kinder verbinden jedoch zum Beispiel das Gelb der Sonne mit guter Laune – es bedeutet, draußen spielen zu können. Es ist jedoch wichtig, den Kindern die Vorgaben der Geschichte nicht einfach überzustülpen, sondern zu Beginn (siehe erstes Angebot) mit den Kindern über die Farben und die daraus entstehenden Gefühle der Königin Klecksfallala zu sprechen. Geht es den Kindern auch so wie der Königin? Können sie die Gefühlswelt der Königin zu den Farben nachvollziehen?

Das Projekt auf einen Blick
1. Spiel- und Förderangebot: Im Königreich Klecksatonien
2. Spiel- und Förderangebot: Die übermütige Kleckskönigin
3. Spiel- und Förderangebot: Singspiel „Klecksfallala, die Kleckskönigin"

Förderschwerpunkte
– In diesem Projekt steht insbesondere der kreative Umgang mit Sprache in Kombination mit Bewegung und Klang durch synästhetische Wahrnehmung („Wie klingen das Rot, Gelb, Grün, Blau und Grau?") und den entstehenden Emotionen im Vordergrund. Kognitive, emotionale und soziale Aspekte vernetzen sich mit der auditiven, visuellen und taktil-kinästhetischen Wahrnehmung.
– Kinder mit Deutsch als Zweitsprache können sich bei dieser Geschichte mit einem relativ einfachen Handlungsstrang und dem Bezug auf Farben und farbige Gegenstände auf spielerische und emotional positive Weise gut eingliedern.
– Soziale Kompetenzen und Empathiefähigkeit werden bei Partnerspielen, durch Rollenwechsel, aber auch durch Gespräche über die Veränderung der jeweiligen Sichtweise des emotionalen Gehaltes der Farben sehr gefördert.

Rhythmikprojekte zur Sprachförderung

 1. Im Königreich Klecksatonien

Material
- Sitzmatten, Chiffontücher in rot, gelb, grün und blau, (wenn möglich für jedes Kind jeweils eines (alternativ können Schwungbänder oder Krepppapierbänder verwendet werden); 4 Holzreifen, Holzkugeln (oder kleine Bälle o. Ä.), verschiedenfarbige Gegenstände, Obst und Gemüse

Instrumente
- Klangbausteine (oder Blockflöte) für Fortbewegungsarten, Becken, Klangschale, Trommel, Chimes oder Glockenspiel, Rassel

Zur Einstimmung: Impulsgespräch „Die Welt der Farben"
Die Kinder sitzen im Kreis. Die Erzieherin hat in die Kreismitte ein rotes, ein blaues, grünes und ein gelbes Tuch gelegt. In einem Korb liegen verschiedenfarbige Gegenstände, Obst und Gemüse. Gemeinsam werden die Gegenstände auf die farblich entsprechenden Tücher gelegt. Sind Gegenstände dabei, die farblich nicht passen, werden der Gegenstand und seine Farbe ebenfalls benannt.

Sensomotorisches Wahrnehmungsspiel: Welcher Klang zu welcher Farbe?
Die Erzieherin verteilt vier Reifen im Raum. In jeden Reifen legt sie entweder ein rotes, gelbes, grünes oder blaues Tuch. Dann spielt sie auf Klangbausteinen, Blockflöte oder einem anderen Instrument zu einer der Fortbewegungsarten. Ist die Musik zu Ende, bleiben die Kinder stehen. Dann spielt sie oder ein Kind z. B. auf einer Klangschale (für die Farbe Blau), einer Trommel (für die Farbe Rot), auf Chimes/Glockenspiel (für die Farbe Gelb) oder Rassel (für die Farbe Grün). Die Kinder gehen nun zu einem der Farbreifen, dessen Farbe ihrer Meinung am besten zum Klang passt. Die Erzieherin bespricht mit den Kindern ihre Wahl, die ja ganz unterschiedlich sein kann.

Mehrmals mit wechselnden Instrumentalisten wiederholen.

Die Kleckskönigin

Geschichte: Die Kleckskönigin (Teil 1)

Es war einmal ein Land, dort standen überall Farbtöpfe herum und jeder konnte nach Lust und Laune auf Wände, Böden, Decken, Lampen, Möbel, Kleider, Bäume, Steine und natürlich auch auf Papier malen und mit Pinseln herumklecksen. Der Name des Landes war Klecksatonien.

Der gute alte Klecksönig Klecksvollolo, der viele Jahre das Land bunt und glücklich regierte, starb, und seine Tochter, die Prinzessin Klecksfallala wurde zur Klecksönigin gekrönt.

Die Klecksönigin war jung und wild. Sie stieg zum Beispiel auf die höchste Leiter ihres Königreiches, um die Sterne anzumalen, damit sie noch mehr glänzten. Und tatsächlich, sie glänzten noch mehr.

Eines Tages hatte sie es satt, dass der breite Fluss, der durch ihr Königreich floss, blau war. Sie goss riesige Fässer mit roter Farbe in den Fluss. Und tatsächlich, er wurde rot.

Jeden Morgen trat die Klecksönigin vor ihr Schloss und malte sich mit einer ihrer Lieblingsfarben an. Mal war die Klecksönigin gelb, mal blau, mal rot und mal grün. Wenn sie ganz gelb war, fühlte sie sich leicht, wohlig und warm. Doch gemein sein konnte sie dann auch. Wehe, es hatte eine Freundin eine lustige Frisur oder ein Freund ein Loch in der Hose, dann ärgerte sie ihre Freunde so lange, bis sie wütend davonliefen.

Wenn sie sich blau anmalte, wurde sie sanft wie ein Lämmlein. Mit lieblichem Lächeln begegnete sie ihren Dienern und Untertanen und tat alles, damit es ihnen gut ging.

Doch alle Diener und der gesamte Hofstaat schlossen sich in ihren Kammern ein, wenn die Nachricht wie ein Lauffeuer durch das Schloss lief, dass die Klecksönigin sich rot anmalte. Zuerst schimpfte Klecksfallala über die Unordnung in ihrem Königreich und bald darauf wurde sie wütend. Sie wurde so wütend, dass sie die Möbel auf einen Haufen warf und die schönen Blumen aus den Vasen riss.

Malte sie sich grün an, dann liebten ihre Untertanen die Königin am meisten. Da war sie genau so, wie sich alle ihre Königin wünschten. Nicht zu streng und nicht zu lieb. Nicht zu wild und nicht zu sanft. Nicht zu freundlich und nicht zu gemein. Eben genau richtig.

Rhythmikprojekte zur Sprachförderung

Lied: Die Kleckskönigin (Strophen 1 bis 4)

– *als Spiellied*
Für die Kinder liegen in der Kreismitte rote, gelbe, grüne und blaue Tücher (oder Schwungbänder, Krepppapierbänder). Die Kinder stehen im Kreis und ahmen die Bewegungen der Erzieherin nach.

Refrain:
Königin Klecksfallala
malt heut wieder wunderbar.
Wisch und wusch malt sie sogleich
gelb ihr schönes Königreich.

Mit den Händen eine Krone auf dem Kopf bilden. Mit einem gelben Tuch im Takt des Liedes große Malbewegungen durchführen.

Die Klecksköniginn

1. „Gelb – gelb – gelb –
Wie mir das gefällt!
Fühl mich warm, hell wie ein Licht.
Frech lach ich dir ins Gesicht.
Gelb – gelb – gelb –
Wie mir das gefällt!"

Das Tuch über den Kopf legen.
Leicht wiegend durch den Raum gehen.

Refrain:
Königin Klecksfallala
malt heut wieder wunderbar.
Wisch und wusch malt sie sogleich
blau ihr schönes Königreich.

wie oben

Mit einem blauen Tuch malen.

2. „Blau – blau – blau –
blau wohin ich schau!
Ach, ich bin so ruhig und sanft –
fühle mich ganz unverkrampft.
Blau – blau – blau –
blau wohin ich schau!"

Sich mit dem Tuch über dem Kopf
auf den Boden legen.

Refrain:
Königin Klecksfallala
malt heut wieder wunderbar.
Wisch und wusch malt sie sogleich
rot ihr schönes Königreich.

wie oben

Mit einem roten Tuch malen.

3. „Rot – rot – rot –
Hab' so große Not!
Außer Rand und Band bin ich,
Tob und schrei ganz fürchterlich.
Rot – rot – rot –
Hab' so große Not!"

Das rote Tuch über den Kopf legen und
im Raum umhertollen.

Refrain:
Königin Klecksfallala
malt heut wieder wunderbar.

wie oben

Rhythmikprojekte zur Sprachförderung

Wisch und wusch malt sie sogleich
grün ihr schönes Königreich.

Mit einem grünen Tuch malen.

4. „Grün – grün – grün –
Bald die Knospen blühn!
Grünes Gras und Blätterdach,

bin entspannt und doch ganz wach.
Grün – grün – grün –
Bald die Knospen blühn!"

*In das grüne Tuch eine bunte Holzkugel
(oder einen kleinen Ball o. Ä.) legen und
langsam die Hand öffnen, um die Knospe
zum Blühen zu bringen.
Den Ball in die Hand nehmen und das
grüne Tuch auf den Boden sinken lassen.*

Synästhetische Klang- und Bewegungsimprovisation: Wie klingt und bewegt sich unsere Lieblingsfarbe?

In der Kreismitte liegen rote, gelbe, grüne und blaue Tücher oder Gegenstände. Desweiteren Trommeln, Becken, Klangschale, Rasseln, Chimes/Glockenspiel und andere Instrumente nach Belieben. Die Kinder gehen zu zweit zusammen. Sie besprechen, welche Farbe ihre Lieblingsfarbe ist und holen sich aus der Kreismitte ein Instrument und das entsprechend farbige Tuch oder einen Gegenstand ihrer Wahl. Dann spielt ein Kind auf dem Instrument und das andere bewegt sich entsprechend dazu. Anschließend tauschen die beiden ihre Rollen.

Wenn die Kinder genügend experimentiert und improvisiert haben, findet eine kleine Vorführung statt, bei der die Kinder ihre Lieblingsfarbe in Klang und Bewegung vorstellen. Dabei spielt ein Kind auf dem Instrument und das andere bewegt sich mit dem Tuch oder Gegenstand dazu. Wiederholen, bis alle Kinderpaare an der Reihe waren.

Ausklang mit Lied: Die Kleckskönigin, mit Instrumenten

Die „Farben"-Instrumente liegen in der Kreismitte. Das Lied wird gesungen und die Strophen mit den entsprechenden Instrumenten zu den Farben begleitet.

Die Kleckskönigin

2. Die übermütige Kleckskönigin

Material
- Sitzmatten, Sitzmatten, Chiffontücher in rot, gelb, grün und blau (wenn möglich für jedes Kind jeweils eines – alternativ können Schwungbänder oder Krepppapierbänder verwendet werden), Holzkugeln/kleine Bälle o. Ä., graue, weiße und schwarze Tücher, ein buntes Tuch

Instrumente
- Klangbausteine oder Blockflöte für Fortbewegungsarten, Becken, Klangschale, Trommel, Chimes (oder Glockenspiel, Zimbel), Rasseln, Triangel, Spring-Drum falls vorhanden, Regenmacher

Einstimmung mit Gespräch: Was bisher geschah

Lied: Die Kleckskönigin (S. 150)
Strophen 1 bis 4

Sensomotorisches Wahrnehmungsspiel: Welcher Klang zu welcher Farbe? (S. 148)

Geschichte: Die Kleckskönigin (Teil 2)
Eines Tages, als die Kleckskönigin mal wieder besonders übermütig war, vermischte sie ihre Lieblingsfarben Rot, Gelb, Grün und Blau auf ihrer Kleidung, einfach nur so.
Als sie entsetzt sah, dass ihre Kleidung grau wurde, versuchte sie das Grau wegzuwischen. Aber es gelang ihr nicht. Sie rief ihre Diener. Diese mühten sich vergeblich, das Grau von der schreienden und zappelnden Klecksfallala wegzuwischen und stießen dabei vor lauter Eifer die großen Farbfässer um. Das Rot, das Gelb, das Grün und das Blau vermischten sich und als graue Farbe floss es den Schlosshügel herunter in die Stadt hinein. Voller Entsetzen sahen die bunten und fröhlichen Bewohner von Klecksatonien die graue Farbe auf sich zufließen.
Die Kleckskönigin wurde wütend und stampfte mit den Füßen auf. Aber niemand konnte das Unglück aufhalten. Es begann zu regnen und die graue Farbe verteilte sich über ganz Klecksatonien.

Rhythmikprojekte zur Sprachförderung

Alle Bewohner wurden traurig, denn das einst bunte Land war nicht mehr wiederzuerkennen. Selbst die Sterne am Himmel wurden blass und grau und der Fluss verlor seine rote Farbe. Da bereute es die Klecksmkönigin noch mehr, dass sie die Farben vor lauter Übermut vermischt hatte. Sie begann zu weinen. Und die Diener, der ganze Hofstaat und die Bewohner von Klecksatonien weinten mit ihr. Alle liefen weinend umher und waren nur noch ein Schatten ihrer selbst.

Lied: Die Klecksmkönigin, Strophe 5
Spieldurchführung: Die Erzieherin legt graue, schwarze und weiße Tücher in die Kreismitte. Die Kinder verkleiden sich mit einem dieser Tücher.

Refrain:

Königin Klecksfallala,	*Alle streichen sich unglücklich über*
sieh, das Unglück ist jetzt da!	*das graue Tuch.*
Dein Weinen hören wir weit und breit,	*Bedauernd den Kopf schütteln.*
du tust uns heute wirklich leid.	
5. „Grau – grau – grau –	*Mit hängendem Kopf umhertappen.*
grau wohin ich schau!	
Fühl mich traurig und allein.	
Grau sein, ja, das ist gemein!	
Grau – grau – grau –	
grau wohin ich schau!"	

Geschichte: Die Klecksmkönigin (Teil 3)
Es regnete und regnete. Doch jeder Regen hat ein Ende und die Sonne begann wieder zu scheinen. Sie schien so stark, dass die graue Farbe, die alles überzogen hatte, Risse bekam. Sie begann abzublättern und siehe da, die bunte Welt kam wieder zum Vorschein.

Lied: Die Klecksmkönigin, Strophe 6
Spieldurchführung: Die Erzieherin legt rote, gelbe, grüne und blaue Tücher in die Kreismitte.

Die Klecskönigin

Refrain:
Königin Klecksfallala
sieht schon Farben hier und da!
Die Farben haben sich versteckt.
Schau, da ist schon ein grüner Fleck!

6. „Rot – gelb – blau –
bunt wohin ich schau!
Blumen, Tiere und ein Stern,
ja, das male ich so gern.
Rot – gelb – blau –
bunt wohin ich schau!"

*Mit den Händen eine Krone auf dem Kopf bilden. Umherblicken.
Die Kinder legen ihre grauen Tücher in die Mitte und holen sich ein farbiges heraus.
Die Kinder tanzen umher und werfen ihr Tuch in die Luft.*

Ende der Geschichte
Da freuten sich alle Bewohner von Klecksatonien und feierten ein großes und ausgelassenes Farbenklecksfest. Die Klecskönigin Klecksfallala versprach, nie mehr alle Farben zu vermischen. Und so lebten sie glücklich und zufrieden mit ihrer nicht mehr ganz so wilden Königin Klecksfallala im klecksbunten Königreich Klecksatonien.

Lied: Die Klecskönigin, mit Instrumenten
Die „Farben"-Instrumente liegen in der Kreismitte. Die Instrumente werden den Farben zugeordnet und jeweils auf ein Tuch in roter, gelber, grüner oder blauer Farbe gelegt. Ein Tuch in grauer Farbe und ein buntes Tuch werden dann in der frei gewordenen Kreismitte ausgebreitet. Alle sechs Strophen des Liedes werden gesungen und die ersten vier Strophen mit den entsprechenden „Farben"-Instrumenten begleitet.

Strophe 1: Farbe Gelb	*Chimes/Glockenspiel/Zimbeln*
Strophe 2: Farbe Blau	*Klangschale/Triangel*
Strophe 3: Farbe Rot	*Trommeln*
Strophe 4: Farbe Grün	*Rasseln*
Strophe 5: Farbe Grau	*Alle Instrumente spielen durcheinander, zusätzlich Becken und falls vorhanden eine Spring-Drum (Donnertrommel). Solo für Regenmacher.*
Strophe 6: alle Farben, bunt	*Alle Instrumente außer der Spring-Drum und dem Becken spielen im Grundschlag des Liedes.*

Ausklang mit Sensomotorischem Bewegungsspiel: Farbenwelt

In die Raummitte wird jeweils ein zusammengelegtes Tuch in den Farben rot, gelb, grün und blau gelegt. Darauf stellen die Kinder ein passendes „Farben"-Instrument (siehe oben). Die Erzieherin spielt zu den Fortbewegungsarten auf Klangbausteinen oder Blockflöte. Ist die Musik zu Ende, tippt sie ein Kind an. Dieses spielt nun eines der „Farben"-Instrumente und die anderen Kinder bewegen sich in charakteristischer Weise dazu. Tippt die Erzieherin vier Kinder an, bedeutet dies, dass die 6. „bunte" Strophe mit den „Farben"- Instrumenten rot, gelb, grün und blau umgesetzt wird. Die Kinder tanzen dabei freudig durch den Raum.

 ## 3. Singspiel: Klecksfallala, die Kleckskönigin

Material
- Chiffontücher in rot, gelb, grün und blau (wenn möglich für jedes Kind jeweils eines. Alternativ können Schwungbänder oder Krepppapierbänder verwendet werden), Holzkugel/kleiner Ball o. Ä., graue, weiße und schwarze Tücher, ein buntes Tuch

Instrumente
- Klangbausteine/Blockflöte für Fortbewegungsarten, Becken, Klangschale, Trommel, Chimes (oder Glockenspiel, Zimbel), Rasseln, Triangel, Spring-Drum falls vorhanden, Regenmacher

Ganzheitliche Einstimmung in ein Rhythmikangebot zum Üben des Singspieles
– Gespräch: Was bisher geschah
– Lied: Die Kleckskönigin (Strophe 1 – 6)
– Sensomotorisches Bewegungsspiel: Farbenwelt (S. 156)
– Klanggeschichte: Die Kleckskönigin

Die Instrumente (s. o.) sind an die Kinder verteilt. Die Erzieherin liest die Geschichte und die Kinder spielen mit ihren „Farben"-Instrumenten an den jeweiligen Stellen der Geschichte.

Die Klecksköniginn

Singspiel-Aufführung: Klecksfallala, die Klecksköniginn
in sechs Liedstrophen
Dauer: ca. 10 Minuten
Anzahl der Kinder: 11 bis 25 Kinder
Alter der Kinder: 4 bis 8 Jahre
Rollen: Königin Klecksfallala, Farbenkinder (mindestens 5), Instrumentenlisten (mindestens 5)

Verkleidung:
– *Königin Klecksfallala:* T-Shirt und Hose (cremefarben oder weiß, damit die Farben der Tücher gut zur Geltung kommen), eine Krone, ein grauer Überwurf/Pullover für Strophe fünf.
– *Farbenkinder:* Die Farbenkinder werden in vier verschiedene Farben (rot, gelb, grün, blau) eingeteilt und entsprechend mit Tüchern verkleidet.

Materialien:
Tücher, Bänder in den Farben rot, gelb, grün, blau, grau, ein größeres blaues Tuch (für die 2. Strophe), Krepppapierblume für die vierte Strophe, ein grauer Überwurf oder Pullover (für die 5. Strophe).

Hinweis zum Singen und zur Rollenverteilung:
Je nach Alterszusammensetzung und Singfähigkeit der Kinder und ihrer Erzieherinnen, singen die Kinder mehr oder weniger mit. Es gibt meistens in Kindergruppen Kinder, die sehr gut singen und sich auch Texte schnell merken. Solche Kinder sollten entweder die Rolle der Königin Klecksfallala bekommen, die dann die Strophen alleine singt. Oder es bildet sich ein Chor, der singt, sodass sich die Agierenden ganz auf ihre Rolle und ihre Einsätze konzentrieren können.

Instrumente und ihre Einteilung:
siehe S. 155

Bühne:
Die Bühne kann improvisiert sein, indem Bänke und Hocker der Zuschauer die Grenze zum Publikum markieren. Ein Schlosstor kann aus großen Schaumstoffwürfeln, die in vielen Einrichtungen vorhanden sind, gebaut werden.

Rhythmikprojekte zur Sprachförderung

An einer Seite der Bühne werden die Instrumentalisten platziert. Die Kleckskönigin tritt aus dem Schlosstor heraus. Die Farbenkinder stehen seitlich links und rechts in der Reihenfolge ihres Auftritts – gelb – blau – rot – grün – vor dem Schloss.

Musikbegleitung:
Je nach Ressourcen und Fähigkeiten der Erzieherin und/oder des Teams können Instrumente wie Gitarre, Keyboard, Akkordeon, Flöten eingesetzt werden.

Singspiel: Die Kleckskönigin (Regieanweisungen)

Refrain:
Die Königin tritt vor das Tor. Mit einem gelben Tuch macht sie im Takt des Liedes große Malbewegungen.
1. Strophe Gelb
Sie legt sich das Tuch über den Kopf und bewegt sich leicht und wiegend umher. Die gelben Farbenkinder tanzen freundlich um sie herum. Es erklingen dabei die Farben-Instrumente für Gelb (Chimes/Glockenspiel/Zimbeln). Am Ende der Strophe tanzt sie mit den gelben Farbenkindern hinter das Schlosstor.

Refrain:
Die Königin tritt vor das Tor.
Mit einem blauen Tuch macht sie im Takt des Liedes große Malbewegungen.
2. Strophe Blau
Die Königin legt sich das Tuch über den Kopf und dann auf den Boden. Die blauen Farbenkinder legen und heben sanft ein großes blaues Tuch über sie. Es erklingen dabei für Blau die Farbeninstrumente (Klangschale/Triangel). Am Ende der Strophe tanzt sie sanft schwingend mit den blauen Farbenkindern hinter das Schlosstor.

Refrain:
Die Königin tritt vor das Tor.
Mit einem roten Tuch macht sie im Takt des Liedes große Malbewegungen.
3. Strophe Rot
Die Königin legt sich das rote Tuch über den Kopf und springt umher. Die roten Farbenkinder hüpfen wild um sie herum. Es erklingen dabei die „Farben"-

Die Kleckskönigin

Instrumente für Rot (Trommeln). Am Ende der Strophe hüpft die Königin mit den roten Farbenkindern hinter das Schlosstor.

Refrain:
Die Königin tritt vor das Tor.
Mit einem grünen Tuch macht sie im Takt des Liedes große Malbewegungen
4. Strophe Grün
Die Königin knüllt das grüne Tuch in die Hände und lässt es „erblühen". Die grünen Farbenkinder tanzen sachte um die Königin und schenken ihr eine Blüte. Es erklingen die „Farben"-Instrumente für Grün (Rasseln).

Sprecherin: „Doch da wird Königin Klecksfallala übermütig. Sie mischt plötzlich alle Farben."
Alle Farbenkinder laufen um die sich am Platz drehende Kleckskönigin herum. Alle Instrumente spielen durcheinander. Klecksfallala zieht sich rasch den grauen Überwurf/Pullover an.
Sprecherin: „Da sieht die Königin entsetzt, dass ihr Kleid grau geworden ist."
Einige vorher bestimmte Farbenkinder wischen an dem grauen Kleid herum, alle anderen stehen seitlich.
Sprecherin: „Das Grau geht nicht weg. Die Königin beginnt laut zu heulen. Die Farbtöpfe werden aus Versehen umgestoßen und die Farben vermischen sich."
Die wischenden Farbenkinder legen sich rasch auf den Boden und rollen sich an die Bühnenseiten. Sie bleiben dort liegen.
Sprecherin: „Die graue Farbe fließt in das Königreich Klecksatonien. Es beginnt zu regnen und alles wird grau." *Ein Kind spielt auf dem Regenmacher.*

Refrain:
Die Königin streicht sich unglücklich über ihre graue Kleidung. Sie „weint" (reibt sich die Augen).
5. Strophe Grau
Die Königin geht mit hängendem Kopf umher. Es erklingen die „Farben"-Instrumente für Grau.

Sprecherin: „Der Regen hört auf und die Sonne scheint." *Die Instrumentalisten spielen auf den „Farben"-Instrumenten für Gelb (Chimes/Glockenspiel/Zimbeln).*
Sprecherin: „Die Sonne trocknet die Farben. Doch das Grau bekommt Risse. Die

Rhythmikprojekte zur Sprachförderung

Königin Klecksfallala entdeckt wieder Farben."
Die Farbenkinder rollen sich von der Seite wieder in die Bühne.

Refrain: Bunt
Die Königin tippt freudig auf die grünen Farbenkinder. Diese stehen auf und laufen umher.
6. Strophe Bunt
Die Königin tippt die anderen Farbenkinder an. Alle tanzen um die Königin herum. Die „Farben"-Instrumente für Rot, Gelb, Grün und Blau spielen im Takt dazu. Die sechste Strophe wird wiederholt. Dabei fassen sich die Kinder an den Händen und gehen, angeführt von der Königin Klecksfallala durch die Zuschauerreihen.